ÉTUDE SUR L'ÉTAT MENTAL

DE

J. J. ROUSSEAU

OUVRAGES DU MÊME AUTEUR :

BOUGEAULT. — Histoire des littératures étrangères, par M. Alfred BOUGEAULT.

TOME PREMIER. — *Littérature allemande, littératures scandinaves, littérature finnoise, littérature hongroise.* Un volume in-8°. Prix. . 6 fr.

TOME DEUXIÈME. — *Littérature anglaise, littérature des Pays-Bas, littératures slaves* (Russie, Pologne, Bohême, Serbie). Un volume in-8°. 6 fr.

TOME TROISIÈME. — *Littérature italienne, littérature espagnole, littérature portugaise, littérature grecque moderne.* Un volume in-8°. 6 fr.

Précis historique et chronologique de la littérature française, depuis ses origines jusqu'à nos jours. Un volume in-8°, neuvième édition. Paris, Delagrave. Prix . . . . 3 fr.

PARIS. — TYPOGRAPHIE DE E. PLON ET Cie, RUE GARANCIÈRE, 8.

ÉTUDE SUR L'ÉTAT MENTAL

DE

J. J. ROUSSEAU

ET

SA MORT A ERMENONVILLE

PAR

ALFRED BOUGEAULT

PARIS
E. PLON ET Cie, IMPRIMEURS-ÉDITEURS
10, RUE GARANCIÈRE

1883

ÉTUDE

SUR

L'ÉTAT MENTAL

DE

J.J. ROUSSEAU

I

La vie des hommes illustres appartient à l'histoire; elle en est partie intégrante, puisque l'histoire a surtout pour but de mettre en évidence les sommets de l'humanité. Les grands hommes, souverains, guerriers, législateurs, philosophes, écrivains, artistes, sont les initiateurs des peuples : ils les forment à leur image, en leur imprimant le sceau de leur génie. S'ils se trompent, leur erreur, en se généralisant, peut entraîner les nations à leur perte, tandis qu'armés de la vérité, ils leur préparent des destinées glorieuses. A ce point de vue, l'histoire des grands hommes offre un enseignement du plus haut intérêt, puisqu'en eux se résume tout le drame des destinées humaines.

Le mal est qu'il n'y a point d'homme, si puissant qu'il soit par l'intelligence et le caractère, qui ne paye son tribut à la faiblesse de la nature : la perfection n'est pas de ce monde. Il y a donc toujours un côté discutable chez les plus illustres; ce sont des phares qui ont leurs éclipses; la lumière projetée est suivie d'ombres. Il ressort de ces contrastes un enseignement moral qu'il est toujours bon d'offrir à la méditation de l'esprit.

J. J. Rousseau fut incontestablement l'un des écrivains les plus influents du dix-huitième siècle; Voltaire seul peut lui être opposé, mais comme un pôle est opposé à l'autre. Le parallèle entre les deux auteurs a été fait trop souvent pour que nous soyons tenté de le recommencer. D'ailleurs, nous n'avons à nous occuper que de Rousseau, et encore est-ce moins dans ses œuvres que nous voulons l'étudier, que dans son caractère et son individualité. Nous ne devons même nous attacher qu'à un seul point de vue, celui de son état mental pendant les vingt-cinq dernières années de son existence. Nous laisserons donc de côté l'examen de ses écrits, leur influence politique, morale et littéraire; tant d'autres s'y sont exercés avant nous que la matière est pour ainsi dire épuisée, et le lecteur instruit n'aime pas les redites.

En relisant avec attention les œuvres de Rousseau, surtout ses *Confessions* et sa *Correspondance*, nous sommes resté convaincu que, malgré ses hautes facultés intellectuelles, l'état mental chez lui n'était pas sain; une faculté commune, mais importante, lui a fait défaut : le bon sens, le sens pratique et naturel des choses. Il a été frappé d'une monomanie qui a présenté tous les caractères de la folie; c'était l'idée fixe de persécutions et de complots dirigés contre lui. On sait que la plupart des fous n'extravaguent pas sur tous les sujets; il en est dont le rayon intellectuel n'est brisé que sur un point et dans un sens; hors de là, ils sont raisonnables et lucides; mais dans un ordre d'idées spécial leur esprit est hors des gonds. Tel nous paraît être le cas particulier de J. J. Rousseau, et c'est ce que nous pouvons démontrer par ses actions comme par ses écrits. A ne considérer que l'ensemble de ses ouvrages, on est frappé de l'éclat du génie et des grandes qualités de l'écrivain; mais en étudiant l'homme, en groupant certains faits et de nombreux passages de ses œuvres, on voit à nu la blessure de l'esprit, le défaut d'équilibre, la déraison.

La faculté dominante de Jean-Jacques, c'est l'imagination; tous ses ouvrages en portent l'empreinte; c'est ce qui en fait la force et la beauté; c'est par là qu'il séduit et entraîne. Mais s'il est vrai, comme dit le proverbe, qu'il n'y a point de génie sans un grain de folie, on peut dire qu'il est un de ceux qui en ont le mieux prouvé la justesse. Cette imagination est exaltée, maladive, et quand elle fut aux prises avec le malheur, elle arriva à une véritable démence. Rousseau en convient presque lui-même; il nous en indique l'origine et la cause au début de ses *Confessions :* « Ma mère avait laissé des romans; nous nous mîmes à les lire après souper, mon père et moi. Il n'était question d'abord que de m'exercer à la lecture par des livres amusants; mais bientôt l'intérêt devint si vif, que nous lisions tour à tour sans relâche, et passions les nuits à cette occupation. Nous ne pouvions jamais quitter qu'à la fin du volume. Quelquefois mon père, entendant le matin les hirondelles, disait tout honteux : Allons nous coucher; je suis plus enfant que toi. — En peu de temps j'acquis, par cette dangereuse méthode, non-seulement une extrême facilité à lire et à m'entendre, mais une intelligence unique à mon âge sur les passions. Je n'avais aucune idée des choses, que tous les sentiments m'étaient déjà connus. Je n'avais rien conçu, j'avais tout senti. Ces émotions confuses, que j'éprouvai coup sur coup, n'altéraient point la raison que je n'avais pas encore; mais elles m'en formèrent une d'une autre trempe, et me donnèrent de la vie humaine des notions bizarres et romanesques, dont l'expérience et la réflexion n'ont jamais bien pu me guérir [1]. »

Voilà donc Rousseau, de son aveu, entrant dans la vie avec des idées bizarres et romanesques dont il ne pourra plus se défaire; son esprit est faussé; l'imagination restera chez lui la faculté maîtresse, au détriment de la raison. Il en est de même de ses idées en politique : il les a puisées, dès son enfance, sans pouvoir les raisonner, dans la lecture de Plutarque. « Ainsi se forma en moi cet esprit libre et républicain, ce caractère indomptable et fier, et impatient de joug et de servitude, qui m'a tourmenté tout le temps de ma vie, dans les situations les moins propres à lui donner de l'essor. » C'est encore un aveu précieux à recueillir, car c'est de ce caractère

[1] Le docteur Pinel, l'un de nos plus célèbres aliénistes, a bien caractérisé l'influence de l'imagination sur le désordre mental. Voir son *Traité médico-philosophique sur l'aliénation mentale.* « Certaines professions disposent plus que d'autres à la manie, et surtout celles où une imagination vive est sans cesse dans une sorte d'effervescence. » (P. **110**).

indomptable et fier que sont provenus les malheurs de sa vie, tandis que, impatient de joug et de servitude, il en subissait la chaîne dans son intérieur, pour n'avoir pas su s'affranchir du joug des passions. Il devait s'établir dans une telle nature un défaut d'équilibre, un ébranlement dans les facultés de l'esprit; force d'un côté, faiblesse de l'autre; lutte incessante jusqu'à la catastrophe finale.

Tout est bizarre et romanesque dans l'existence de J. J. Rousseau. Né dans une humble condition, il ne reçut pas d'éducation proprement dite; il la fit au hasard de sa destinée, et il conserva toute sa vie une rusticité de caractère qui contrastait singulièrement avec les belles manières du grand monde où il se trouva mêlé. Il sentait ce qui lui manquait sous ce rapport, mais il ne fit jamais rien pour l'acquérir. De là sans doute cette timidité, cette gaucherie qui le rendait ridicule, et en même temps cet orgueil qui provenait du sentiment de sa valeur intrinsèque. Il se sentait mal à l'aise dans la société, et, par goût, il recherchait la solitude; madame d'Épinay l'appelait plaisamment *son ours,* et ce nom était loin de lui déplaire. Mais sa réputation faisait trop de bruit pour qu'il pût échapper à la curiosité publique et aux relations sociales; il fut toujours tiraillé entre les deux extrêmes et ne put asseoir son existence dans un juste équilibre. Cet état singulier, anormal, fut pour lui la source de bien des souffrances qui influèrent sur son état mental.

Quant à son instruction première, elle fut aussi très-défectueuse. Ce qu'il apprit à Genève chez le pasteur Lambercier était fort peu de chose; il y suppléa par beaucoup de lectures, et se livra, chez madame de Warens, à des travaux sérieux qui préparèrent sa carrière d'écrivain. Mais cette éclosion n'eut lieu pour lui qu'à l'âge de trente-sept ans, et jusque-là il mena une vie errante, incertaine, celle d'un déclassé réduit à vivre d'expédients. Il fut tour à tour apprenti greffier, apprenti graveur, laquais, ami trop intime de madame de Warens, puis aventurier, précepteur, et enfin secrétaire de l'ambassadeur de France à Venise : rien ne lui réussit. Chez le greffier, il fut déclaré inepte; chez le graveur, il apprit à mentir, à voler, et s'échappa pour éviter de mauvais traitements. Accueilli par madame de Warens, il se fit catholique sans conviction pour obtenir des protecteurs qui lui firent défaut. Laquais chez madame de Vercellis, il en sortit en chargeant par un faux témoignage une pauvre fille innocente, ce qui lui causa de longs et cuisants remords. Devenu l'interprète d'un frère quêteur qui se disait archimandrite grec, il fut arrêté avec celui-ci à Soleure; l'ambassadeur de France, M. de Bonac, s'intéressa à lui et l'envoya à Paris; mais il en revint bientôt pour s'établir chez madame de Warens, et il y passa huit années dans une position équivoque, immorale, dont il aurait mieux fait, pour son honneur et celui de cette dame, de ne pas révéler les détails dans ses *Confessions*. Il devint ensuite précepteur des enfants de M. de Mably; mais le futur auteur d'*Émile* était, de son aveu, le moins capable de diriger l'enfance. « Quand mes élèves ne m'entendaient pas, j'extravaguais; et quand ils marquaient de la méchanceté, je les aurais tués : ce n'était pas le moyen de les rendre savants et sages. » Au bout d'un an, Jean-Jacques renonce au métier d'éducateur et quitte M. de Mably, non sans avoir sur la conscience le vol de quelques bouteilles de vin d'Arbois, qu'il dégustait en cachette.

En 1741, à l'âge de vingt-neuf ans, Rousseau arrive à Paris, muni de bonnes recommandations, et d'une méthode de son invention pour noter la musique avec des chiffres. Il est admis à présenter son projet à l'Académie; mais Rameau fait à son système une objection qui en annule la valeur. Les espérances de Rousseau s'envolent; les quinze louis qu'il avait dans sa poche fondent peu à peu. Néanmoins son nom avait fait quelque bruit; il se lie avec les écrivains en vogue; il connaît Marivaux, Fontenelle et Diderot; il est présenté à madame de Bezenval, à madame Dupin; il donne pour vivre quelques leçons de musique; enfin madame Dupin le fait nommer secrétaire de M. de Montaigu, ambassadeur à Venise. Il occupe dix-huit mois cette place, se brouille avec l'ambassadeur, qui ne pouvait supporter, dit-il, d'avoir un secrétaire plus fort que lui, et revient à Paris, où il reprend ses relations et ses études musicales; il fait même un premier opéra, les *Muses galantes*, qui n'a qu'un succès médiocre.

Les mœurs publiques, au dix-huitième siècle, portent un triste cachet de dépravation. Rousseau, qui affichait tant de prétention à la vertu, a pourtant payé un large tribut à la décadence morale de son époque. Sous prétexte de franchise, il a tout avoué dans ses *Confessions*, et souvent avec une brutalité de détails et d'expressions vraiment cynique. Il se plaisait au rôle de Diogène, tout en portant un défi à son siècle dont il se croyait l'homme le plus vertueux. « J'ai porté partout ma lanterne inutilement; je n'ai point trouvé d'homme ni d'âme humaine. » (*Corresp.*, 1772.)

Une de ses plus lourdes fautes, et qui pesa toujours sur son existence, ce fut son union avec Thérèse Levasseur. Elle était ouvrière dans un hôtel où il prenait ses repas; elle avait à sa charge son père et sa mère. Rousseau en fit sa maîtresse, en lui déclarant qu'il ne l'épouserait pas, mais qu'il ne l'abandonnerait jamais. Il n'avait alors ni argent, ni position, ni espoir d'avenir. Thérèse était un esprit borné, une âme commune, avec des instincts vicieux. Elle savait à peine lire, et ne put jamais apprendre à distinguer l'heure sur un cadran d'horloge. Prendre une telle femme, c'était se mettre un boulet au pied pour traîner péniblement sa chaîne sur une route hérissée d'obstacles. Il devait naître des enfants de cette union interlope; Rousseau en eut cinq, et ne jugea pas à propos de les garder, de les nourrir, de les élever. Il les mit *gaillardement,* c'est son mot, aux Enfants trouvés; cela lui parut d'abord tout naturel; mais à voir la peine qu'il prit plus tard pour expliquer et justifier sa conduite, on sent qu'il en a éprouvé de vifs remords. « De ces liaisons, écrit-il à la maréchale de Luxembourg en 1761, sont provenus cinq enfants, qui tous ont été mis aux Enfants trouvés, et avec si peu de précautions pour les reconnaître un jour, que je n'ai pas même gardé la date de leur naissance. Depuis plusieurs années, le remords de cette négligence trouble mon repos, et je meurs sans pouvoir la réparer. »

Plus tard, en 1770, on retrouve les mêmes remords dans sa *Correspondance*, avec des excuses qui ne sont que sophismes. « L'exemple, la nécessité, l'honneur de celle qui m'était chère, d'autres puissantes raisons me firent confier mes enfants à l'établissement fait pour cela, et m'empêchèrent de remplir moi-même le premier, le plus saint des devoirs de la nature. En cela, loin de m'excuser, je m'accuse; et quand ma raison me dit que j'ai fait dans ma situation ce que j'ai dû faire, je l'en crois moins que mon cœur, qui gémit et qui la dément. » Que disait donc la raison à J. J. Rousseau pour l'empêcher de suivre l'instinct de son cœur? « Il est très-sûr que c'est la crainte d'une destinée pour eux mille fois pire, et presque inévitable par toute autre voie, qui m'a le plus déterminé à les mettre aux Enfants trouvés. Hors d'état de les élever moi-même, il aurait fallu dans ma situation les laisser élever par leur mère, qui les aurait gâtés, et par sa famille, qui en aurait fait des monstres. Je frémis encore d'y penser. Je savais que l'éducation pour eux la moins périlleuse était celle des Enfants trouvés, et je les y ai mis. Je le ferais encore, avec bien moins de doute aussi, si la chose était à faire. » (*Rêveries,* IXe.) — Dans ses *Confessions*, Rousseau revient sur cette matière, toujours en opposant sa raison à son cœur, comme si la véritable vertu ne consistait pas à les mettre d'accord. « Jamais un seul instant de sa vie Jean-Jacques n'a pu être un homme sans sentiment, sans entrailles, un père dénaturé... Si je disais mes raisons, j'en dirais trop; puisqu'elles ont pu me séduire, elles en séduiraient bien d'autres. Je me contenterai de dire qu'en livrant mes enfants à l'éducation publique, faute de pouvoir les élever moi-même, en les destinant à devenir ouvriers ou paysans, plutôt qu'aventuriers et coureurs de fortunes, je crus faire un acte de citoyen et de père, et je me regardai comme un membre de la république de Platon. Plus d'une fois depuis lors les regrets de mon cœur m'ont appris que je m'étais trompé; mais, loin que ma raison m'ait donné le même avertissement, j'ai souvent béni le ciel de les avoir garantis du sort de leur père, et de celui qui les menaçait quand j'aurais été forcé de les abandonner. »

Rousseau a beau se débattre : le devoir est une ligne droite et n'admet point les ambages. Il ne peut sortir à son honneur des réflexions que suggère sa conduite. Que deviendraient la famille et la société avec l'application d'une morale aussi équivoque? N'insistons pas; plaignons le grand écrivain d'avoir été si mauvais père et de s'appuyer sur de si pauvres sophismes. Il est certain que les adversaires de Rousseau avaient beau jeu contre lui et pouvaient reprocher à ce champion de la vertu sa vie en concubinage et l'abandon de ses enfants. Les principes et les actes de Rousseau sont trop souvent en contradiction flagrante, et le comble, c'est cette parole de la première page des *Confessions* : « *Qu'un seul dise, s'il l'ose : Je fus meilleur que cet homme-là.* » Un seul ? oui, nous pouvons le lui opposer : c'est celui qui a fondé les hospices où Jean-Jacques envoya ses enfants : saint Vincent de Paul.

Nous devons conclure que l'esprit de Rousseau était mal équilibré, et la suite confirmera amplement notre opinion. Il allait bientôt devenir célèbre. La protection de madame Dupin, dont il fut quelque temps secrétaire, l'introduisit dans le monde de la cour et des lettres; il connut alors madame d'Épinay. Diderot, qui travaillait à son *Encyclopédie*, lui confia les articles de musique. Enfin, en 1749, il composa son fameux discours sur le *progrès des sciences et des lettres*, qui fut couronné à l'Académie de Dijon. Ce fut pour lui la source de la gloire, et aussi, comme il l'a répété souvent, l'origine de ses malheurs. Rousseau se posait en réformateur de l'état social; il attaquait la civilisation; c'était une sorte de défi aux hommes de son temps. Sur une base paradoxale, il engageait une lutte où il ne devait trouver que coups et meurtrissures; il en devint misanthrope et ne songea bientôt qu'à chercher la retraite, le silence, les bois,

. . . . un coin écarté
Où d'être un honnête homme il eût la liberté.

Il ne trouva pas même un tel asile ou ne sut pas en faire le choix. Son humeur s'aigrit, son esprit devint sombre. Il a pris son siècle en dédain, en haine; il redouble contre lui les attaques, dans son *Discours sur l'origine de l'inégalité parmi les hommes*, dans sa *Lettre sur les spectacles*, dans le *Contrat social*, dans l'*Émile*. Partout il prend la société à revers; il n'en voit que les défauts et les vices; il veut tout réformer, l'individu, la famille et l'État; pour y arriver, il invoque résolûment l'état de nature. Cela ne faisait pas l'affaire de Voltaire, qui, n'ayant pas à souffrir de la gêne, avec ses cent mille livres de rente et plus, s'écriait dans son optimisme :

Oh ! le bon temps que ce siècle de fer !

Rousseau voulait ramener les hommes à l'âge

d'or en les renvoyant aux forêts; mais Voltaire lui répondait qu'il se trouvait trop vieux pour apprendre à *marcher à quatre pattes*. Héraclite et Démocrite ne pouvaient s'entendre; la brouille fut bientôt complète, et Rousseau rentra dans son antre en jetant à son adversaire ce sombre et fier adieu : « Je ne vous aime point, Monsieur; vous m'avez fait les maux qui pouvaient m'être les plus sensibles. Vous avez perdu Genève pour le prix de l'asile que vous y avez reçu; vous avez aliéné de moi mes compatriotes pour le prix des applaudissements que je vous ai prodigués parmi eux. C'est vous qui me rendez le séjour de mon pays insupportable; c'est vous qui me ferez mourir en terre étrangère... je vous hais enfin, puisque vous l'avez voulu. »

Revenons à notre sujet, qui n'est pas de raconter en entier J. J. Rousseau, ni de critiquer ses ouvrages, mais de montrer, dans sa vie agitée et malheureuse, dans ses succès et ses revers, dans ses relations de famille et de société, le trouble croissant de son esprit, le progrès d'une misanthropie incurable, et cette idée fixe de persécution qui est bien la monomanie de la démence.

Rousseau avait le cœur bon et sensible, on ne peut le contester; toute marque de sympathie lui était précieuse; il avait grand besoin d'aimer et d'être aimé. Le sentiment surabonde dans ses lettres ; il est tout dévoué à ses amis. C'est une nature ardente, extrême, enthousiaste. Mais que de changements soudains ! que d'inconstance ! Il se retire presque aussitôt qu'il s'est donné. Son naturel ombrageux le porte à la défiance. Il interprète les choses les plus simples dans le sens de ses préoccupations ; son imagination se monte, sa fierté se révolte ; il repousse les bienfaits, il est blessé d'en recevoir. Son esprit fait tort à son cœur ; aux sentiments les plus doux succède l'amertume ; il se crée des monstres. Il arrive à ne rêver plus que machinations et noirs projets tramés contre sa personne, contre son honneur. Cette tension d'esprit, cette humeur sombre, ces soupçons farouches lui font perdre le sens du vrai, la rectitude normale de l'esprit. De là tant de bizarreries incompréhensibles. Il s'aliène ainsi tour à tour tous ceux qui l'avaient aimé, admiré, qui lui avaient porté intérêt et rendu d'éminents services. Ils se détachent de lui peu à peu, ou plutôt c'est Rousseau qui les repousse et les rebute par une fierté sauvage ou d'inqualifiables procédés. Rousseau est réellement un être peu sociable. Son état n'est pas naturel ; il y a chez lui quelque chose de maladif dont la progression est constante, fatale. Ajoutons qu'il souffrait constamment d'une maladie de vessie dont il ne put jamais guérir, et qui dut avoir son contre-coup sur le moral. Il ne fut pas le *mens sana in corpore sano,* mais tout le contraire. C'est ce que nous allons démontrer par une série de faits et de citations qui doivent mettre notre opinion en pleine lumière.

Son premier *Discours,* couronné par l'Académie de Dijon, a commencé sa célébrité ; tout lui sourit, toutes les portes lui sont ouvertes ; il peut même aspirer à la fortune. D'abord secrétaire de madame Dupin, il devient caissier de M. de Francueil, receveur général des finances, avec cinquante louis d'honoraires, et une carrière qu'il dépend de lui de rendre stable. Mais Rousseau, déjà ennemi de la société où il ne voit que vices, frivolités, abus et monsonges, prend la résolution de rompre avec elle. Il se sent malade, l'assiduité qu'exige son emploi lui pèse : il n'est pas libre. « D'ailleurs, comment accorder les sévères principes que je venais d'adopter avec un état qui s'y rapportait si peu ? Et n'aurais-je pas bonne grâce, caissier d'un receveur général des finances, à prêcher le désintéressement et la pauvreté ? » Sa tête fermente dans le délire de la fièvre ; il se détermine à braver l'opinion, à fuir le monde, à accomplir ce qu'il appelle sa *réforme,* malgré sa famille et ses amis.

Ses amis ! Il n'en a déjà plus, du moins il le croit, car c'est à cette date que commence, selon lui, la trame qui a pour but de le déshonorer, de le conduire à sa perte. « Si j'avais aussi bien secoué le joug de l'amitié que celui de l'opinion, je venais à bout de mon dessein, le plus grand peut-être, ou du moins le plus utile à la vertu que mortel ait jamais conçu... Mes soi-disant amis, jaloux de me voir marcher seul dans une route nouvelle, tout en paraissant s'occuper beaucoup de me rendre heureux, ne s'occupaient en effet qu'à me rendre ridicule, et commencèrent par travailler à m'avilir, pour parvenir dans la suite à me diffamer... Tant que je vécus ignoré du public, je fus aimé de tous ceux qui me connurent ; mais sitôt que j'eus un nom, je n'eus plus d'amis. » (*Conf.*, liv. VIII.)

C'est évidemment la crise mentale qui commence, pour aller s'aggravant par la suite : elle coïncide avec la maladie interne dont il souffre. Il envoie sa démission à M. Dupin de Francueil, qui le croit *fou* et ne veut pas d'abord l'accepter. Mais Rousseau persiste : sa résolution est prise.

« Je commençai ma réforme par ma parure ; je quittai la dorure et les bas blancs ; je pris une perruque ronde. » Pourquoi prendre une perruque quand on a des cheveux naturels et que l'on veut retourner à la nature ? « Je posai l'épée, je vendis ma montre en me disant avec une joie incroyable : — Grâce au ciel ! je n'aurai plus besoin de savoir l'heure qu'il est ! » Comme pourtant il fallait vivre, puisque c'est une loi de nature, Rousseau se fit copiste de musique à dix sous la feuille. Mais le bruit de son premier *Discours* amena des réfutations, une polémique qui l'obligea à répondre. Écrivain et copiste, cela ne s'accordait guère. « La copie n'allait point. Je faisais deux métiers : c'était le moyen de faire mal l'un et l'autre. »

Tout cela faisait à Rousseau une réputation de bizarrerie qui excitait la curiosité publique : on voulait le voir et l'avoir comme un phénomène de foire. « Il aurait fallu me montrer comme Polichinelle à tant par personne. » On l'accablait d'attentions, d'invitations, de cadeaux ; il refusait tout, brutalement, au grand désespoir de Thérèse et de sa mère, les *gouverneuses*, qui s'accommodaient fort bien des douceurs et des prévenances du public. Mais le système de Rousseau en souffrait, il manquait sa *réforme*. Il amassait de l'humeur, de la bile, il devenait plus misanthrope qu'Alceste.

« Jeté malgré moi dans le monde sans en avoir le ton, sans être en état de le prendre et de m'y pouvoir assujettir, je m'avisai d'en prendre un à moi qui m'en dispensât. Ma sotte et maussade timidité que je ne pouvais vaincre, ayant pour principe la crainte de manquer aux bienséances, je pris, pour m'enhardir, le parti de les fouler aux pieds. Je me fis cynique et caustique par honte; j'affectai de mépriser la politesse que je ne savais pas pratiquer. »

Cela sent bien le Diogène, tel que nous l'avons indiqué ; il se peint lui-même et se complaît dans les traits du tableau, prenant sa sauvagerie maussade pour un trait de vertu. « Cette âpreté s'ennoblissait dans mon âme, y prenait l'intrépidité de la vertu. » Voilà sans doute pourquoi, quand le baron d'Holbach lui fit des avances amicales, il les repoussa en lui répondant avec morgue : « Vous êtes trop riche. »

Rousseau eût été capable de dire la même chose au roi Louis XV, et l'occasion faillit s'en produire. Il ne tint qu'à lui d'être *présenté* à la cour et pensionné; mais il s'en garda bien, il tenait trop à sa réforme. Il venait de terminer le *Devin du village,* qui fut essayé à l'Opéra avec succès. La cour en demanda la représentation à Fontainebleau, et l'auteur y fut naturellement invité. On le plaça dans une loge vis-à-vis de celle du Roi. Il avait une grande barbe et une perruque assez mal peignée, mais il monta son imagination au diapason de sa haute vertu. Il se dit : « Pour être toujours moi-même, je ne dois rougir en quelque lieu que ce soit d'être mis selon l'état que j'ai choisi. Mon extérieur est simple et négligé, mais non crasseux ni malpropre. La barbe ne l'est point en elle-même, puisque c'est la nature qui nous la donne, et que, selon les temps et les modes, elle est quelquefois un ornement. On me trouvera ridicule, impertinent ! Eh ! que m'importe? Je dois endurer le ridicule, et le blâme pourvu qu'ils ne soient pas mérités. » Voilà comment la philosophie de Rousseau le raffermissait contre sa timidité. Il ne tenait qu'à lui de jouir de son triomphe, car il entendait chuchoter autour de lui des femmes qui lui semblaient belles comme des anges : « Cela est charmant, cela est ravissant ; il n'y a pas un son là qui ne parle au cœur. » Le soir même, le duc d'Aumont lui fit dire de se trouver au château le lendemain sur les onze heures pour être présenté au Roi. On croyait, lui disait-on, qu'il s'agissait d'une pension, et que le Roi voulait l'annoncer lui-même.

L'occasion était belle, unique, tentante; tout autre l'aurait saisie avidement. Rousseau préféra le tonneau de Diogène. Il passa une nuit d'angoisse ; il pensa à sa rétention de vessie, à un esclandre possible, à son embarras pour tourner un compliment au monarque, à un trouble qui amènerait quelque balourdise. « Ce danger m'alarma, m'effraya, me fit frémir au point de me déterminer, à tout risque, de ne pas m'y exposer. » Et puis, avec une pension de la cour, « adieu la vérité, la liberté, le courage. Comment oser désormais parler d'indépendance et de désintéressement ? » (*Confessions.*)

Rousseau partit le matin même, pour échapper à ce grand péril ; mais il eut la consolation de savoir que sa musique avait charmé Louis XV, et que « ce prince ne cessait de chanter, avec la voix la plus fausse de son royaume : *J'ai perdu mon serviteur ; j'ai perdu tout mon bonheur.* » Cela ne fit pas, il est vrai, l'affaire des *gouverneuses :* Thérèse et sa mère regrettaient amèrement la pension manquée, et le firent sentir plus d'une fois au trop désintéressé philosophe. Néanmoins il tira profit de son opéra. Il eut cent louis du Roi, cinquante de madame de Pompadour, qui joua elle-même le rôle de *Colin* à Bellevue, cinquante du théâtre de l'Opéra, et cinq cents francs de l'imprimeur. Il eut ainsi de quoi vivre pour quelques années, et il remarque que cet intermède, composé en six semaines, lui a rapporté presque autant que son *Émile*, fruit de trois années de travail.

S'il faut l'en croire, ce succès altéra l'amitié qui l'unissait à Grimm et à Diderot; le baron d'Holbach ne le traita plus que de *petit cuistre;* ce fut jalousie de sa gloire. Rousseau excita encore une tempête publique par sa *Lettre sur la musique française,* où il prenait parti en faveur de la musique italienne. Il prétend même qu'il fut menacé d'une lettre de cachet, et que l'orchestre de l'Opéra avait formé le projet de l'assassiner. Il en fut quitte pour se voir privé de ses droits d'entrée à ce théâtre; mais il ne put obtenir la restitution de son ouvrage, malgré ses instances auprès de M. d'Argenson : nouveau grief ajouté à tant d'autres. « Le train de Paris, parmi les gens à prétention, était si peu de mon goût; la cabale des gens de lettres, leurs honteuses querelles, leur peu de bonne foi dans leurs livres, leurs airs tranchants dans le monde, m'étaient si odieux, si antipathiques; je trouvais si peu de douceur, si peu d'ouverture de cœur, de franchise, dans le commerce même de mes amis, que, rebuté de cette vie tumultueuse, je commençais à soupirer ardemment après le séjour de la campagne. »

Ainsi la défiance, le dégoût de la société, font des progrès dans l'esprit de Rousseau. Il quitte Paris autant qu'il peut. C'est dans la forêt de

Saint-Germain qu'il va méditer et préparer son *Discours sur l'origine de l'inégalité des conditions parmi les hommes,* pour y chercher « l'image des premiers temps dont il traçait fièrement l'histoire, et comparant l'homme avec l'homme naturel, montrer dans son perfectionnement prétendu la véritable source de ses misères ».

L'écrivain qui faisait ainsi la guerre à la société civilisée, ne pouvait vivre désormais au milieu d'elle.

Pour être conséquent avec ses doctrines, il aurait dû partir pour les solitudes américaines et essayer de la vie sauvage. Rousseau s'exila en effet, mais pas bien loin : il se retira à Montmorency. Il venait de faire un voyage à Genève, où il avait retrempé son enthousiasme républicain; fêté et caressé par ses compatriotes, il réclama ses droits de citoyen après avoir abjuré le catholicisme, que du reste il ne pratiquait guère. Rousseau, au nom de sa raison personnelle, ne prenait dans les croyances religieuses que ce qui lui convenait; il était purement déiste et spiritualiste, mais il n'allait pas au delà; tout le reste, dans les religions, était pour lui d'invention humaine. Son *Vicaire savoyard* est un type d'après lequel il a exprimé ses croyances et ses doutes.

De retour à Paris, Jean-Jacques retrouva

l'amitié de madame d'Épinay, et, chez elle, près de son château de la Chevrette, la plus agréable des surprises. Il avait remarqué, au bout du parc qui touchait à la forêt de Montmorency, un endroit solitaire et charmant, avec potager et logette : on appelait cela l'Ermitage. Il s'était écrié à cette vue : « Ah ! madame, quelle habitation délicieuse ! Voilà un asile fait pour moi. » Sans rien dire, madame d'Épinay fit construire, à la place de la loge, une petite maison agréable ; elle y conduisit Rousseau et lui dit : « Mon ours, voilà votre asile, c'est vous qui l'avez choisi ; c'est l'amitié qui vous l'offre. »

Après quelque résistance, Jean-Jacques se laissa faire ; il accepta l'habitation et renonça au projet qu'il avait formé d'aller vivre à Genève. D'ailleurs, Voltaire s'était établi aux portes de cette ville, et l'inimitié des deux écrivains était déjà déclarée : ils ne pouvaient rester côte à côte. Rousseau s'établit à l'Ermitage au printemps de 1756.

Cet asile était un port où il aurait pu s'abriter, vivre en paix le reste de ses jours, s'il eût eu l'esprit assez sain pour savoir arranger sa vie. Mais il n'était pas chez lui, et en acceptant un bienfait, il s'était mis dans la dépendance. C'était une blessure secrète, qu'un rien suffisait pour irriter. Cet homme si indépendant de caractère, si ombrageux, eut la singulière fortune de vivre presque toujours chez les autres, et d'être en tutelle toute sa vie. Il en souffrait, il regimbait, mais il retombait partout dans la même ornière. Bizarre destinée! Contradiction permanente! Il en a senti le dépit et la gêne plus qu'il n'a voulu le dire. Son caractère s'en est aigri; son esprit en a perdu la sérénité. Libre de volonté, d'aspiration, de désir, il n'a cessé de sentir l'aiguillon de l'esclavage, à commencer par celui que sut préparer adroitement, et maintenir jusqu'au bout, l'indigne compagne qu'il s'était donnée. Chose singulière, Rousseau affirme qu'il n'a jamais ressenti pour Thérèse Levasseur la moindre étincelle d'amour. Alors qu'était-ce que cette union? Un simple instinct de l'être inférieur où l'âme n'avait aucune part, comme dans ses rapports avec madame de Warens. Situation fausse et immorale s'il en fut, qui donne une triste opinion du réformateur de la société. Tout porte à croire que Thérèse le payait de la même monnaie; mais elle a du moins pour excuse un esprit obtus et l'absence de toute prétention vertueuse.

C'est à l'Ermitage que Rousseau commença la *Nouvelle Héloïse*. Le type de Julie lui a été fourni par madame d'Houdetot, belle-sœur de madame d'Épinay. Pendant un séjour de quelques mois qu'elle fit à Eaubonne, Rousseau brûla pour elle d'un amour éperdu, violent, mais non partagé, car madame d'Houdetot, en écoutant ses déclarations brûlantes, ses dithyrambes passionnés, pensait à Saint-Lambert, son amant. Rousseau voyait en elle l'idéal qu'il avait rêvé; mais si cet idéal ne devait pas lui appartenir, il s'en empara du moins par l'imagination, et son roman, la *Nouvelle Héloïse*, a été écrit sous cette inspiration; les scènes de passion qui y sont décrites se sont passées dans le bosquet de la cascade à Eaubonne, où demeurait madame d'Houdetot; la lettre que Rousseau lui adressa, sous le nom de Sophie, (2 juin 1757), en peint bien les émotions délirantes.

Mais que devient le moraliste au milieu de tout cela? Hélas! ce n'est pas en Rousseau qu'il faut le chercher. Quoiqu'il ait bien tonné contre les vices du siècle, il en eut sa bonne part personnellement, et il est parfois bien indulgent pour ceux des autres. En parlant des amours de madame d'Houdetot et de Saint-Lambert, il dit : « S'il faut pardonner quelque chose aux mœurs du siècle, c'est sans doute un attachement que sa durée épure, que ses effets honorent, et qui ne s'est cimenté que par une estime réciproque. »

On ne peut s'empêcher de remarquer en passant combien étaient libres et désordonnées les mœurs de ce siècle. Rousseau se croit très-vertueux en vivant maritalement avec Thérèse sans l'épouser; madame d'Houdetot a pour amant Saint-Lambert, et Rousseau trouve cette passion digne d'estime. Madame d'Épinay a pour amant Grimm, admis en tiers dans son ménage. Ces amours adultères ou de rencontre n'étonnaient personne. Louis XIV en avait donné l'exemple au siècle précédent; Louis XV devait tomber plus bas encore dans le vice. Richelieu, le grand seigneur à bonnes fortunes, recevait l'encens de Voltaire qui traînait dans la fange le pur souvenir de Jeanne d'Arc. La corruption coulait à pleins bords, et Rousseau avait raison de tonner contre son siècle. Mais le réformateur aurait dû prêcher d'exemple pour donner du poids à sa critique : il n'en fit rien.

....Video meliora, proboque,
Deteriora sequor.

Rousseau sentit bientôt que l'*Ermitage* n'était pas la vraie solitude, telle qu'il l'avait rêvée. Voisin et obligé de madame d'Épinay, il ne pouvait se dispenser de lui rendre des devoirs, et souvent aux heures qui lui convenaient le moins : or toute gêne le révoltait. De plus, les visites affluaient de Paris, et il retrouvait le monde qu'il avait voulu fuir. Son intérieur avait plus d'une épine : la mère de Thérèse voulait tout gouverner à sa guise; elle intriguait, elle bavardait, elle se faisait donner par les amis de Rousseau des cadeaux dont se révoltait la fierté de ce dernier. Diderot, Grimm, d'Holbach, connaissaient par elle les secrets du ménage : il n'était plus maître chez lui. Pateline et flagorneuse avec Rousseau, elle accaparait sa fille et faisait des dettes : c'était un continuel sujet de trouble intérieur.

Au dehors allait aussi souffler la tempête. Diderot, dans son *Fils naturel,* avait écrit, en parlant des solitaires : *Il n'y a que le méchant qui soit seul.* Rousseau prit la phrase pour lui et en fit un crime de lèse-amitié. On les réconcilia pour un temps, mais le coup était porté et devait avoir ses conséquences. A la Chevrette, Grimm prenait chez madame d'Épinay un ton de hauteur et d'arrogance que Rousseau ne pouvait souffrir. Il y avait déjà entre eux un germe d'inimitié qui allait grandir et faire éclat. Grimm jugeait Rousseau de sang-froid et le considérait comme un fou dangereux, égaré par l'orgueil, et d'humeur insociable. Il n'approuvait pas que madame d'Épinay lui eût donné asile auprès d'elle. La fantaisie amoureuse de Rousseau pour madame d'Houdetot produisit dans le cercle de la Chevrette un éclat qui présageait la rupture. Pour bien comprendre cette situation, il ne faut pas s'en rapporter exclusivement à la *Correspondance* et aux *Confessions* de Rousseau, où il se donne toujours le beau rôle et tous les torts aux autres ; il faut aussi consulter les *Mémoires* de madame d'Épinay et la *Correspondance* de Grimm. Cela permet de mieux juger cette crise de l'amitié qui dégénéra en colère et en haine.

Rousseau a poétisé son amour pour madame d'Houdetot, quoique au fond il y ait mis plus de sensation grossière que de sentiment éthéré, puisque, ne pouvant vaincre celle qui appartenait à un autre, il n'y gagna qu'une hernie dont il souffrit le reste de ses jours. Thérèse, qui ne manqua pas de s'apercevoir des assiduités de Rousseau auprès de madame d'Houdetot, en devint jalouse, et, en femme intrigante et mal élevée, elle alla porter ses doléances aux hôtes de la Chevrette.

Madame d'Épinay en était importunée et obligée même de lui imposer silence, car elle ne voyait dans les promenades de Jean-Jacques avec la comtesse qu'une occasion pour celle-ci « de métaphysiquer sur la morale, la vertu, l'amour, l'amitié et tout ce qui s'ensuit. Si l'ermite avait un but plus physique, je n'en sais rien ; s'il l'a expliqué de manière à n'en pouvoir douter, elle sera tombée des nues. » (*Mémoires*, année 1757.) Plus loin, elle ajoute : « J'avais bien raison lorsque je soutenais que les amours de Rousseau n'étaient qu'un bavardage : il n'y a pas un mot de vrai à tous les propos de Thérèse. »

Ainsi madame d'Épinay prenait les choses avec assez d'indifférence ; mais tout s'embrouilla lorsque Saint-Lambert eut reçu avis, par une lettre anonyme, de la folie amoureuse de Rousseau pour sa maîtresse. Celui-ci accusa madame d'Épinay d'avoir écrit cette lettre, et, chose curieuse, il pensait qu'elle avait agi par jalousie, la croyant amoureuse de lui-même. Dans son exaltation et sa colère, il alla jusqu'à menacer et insulter celle qui lui avait donné asile; il lui écrivait : « Je ne tarderai pas à savoir si je me suis trompé; alors j'aurai peut-être de grands torts à réparer, et je n'aurai jamais rien fait en ma vie d'aussi bon cœur. Mais savez-vous comment je rachèterai mes fautes, durant le peu de temps qui me reste à passer près de vous? En faisant ce que nul autre ne fera que moi, en vous disant franchement ce qu'on pense de vous dans le monde, et les brèches que vous avez à réparer à votre réputation. » (*Mémoires de madame d'Épinay*, année 1757.)

Insulter une femme sur un simple soupçon et d'une façon si brutale, c'était un égarement qui passait toutes les bornes. Madame d'Épinay pouvait à bon droit se fâcher de l'injure et mettre Rousseau à la porte de l'Ermitage. Elle se contenta de lui répondre : « Quoique vous me fassiez pitié, je n'ai pu me défendre de l'amertume dont votre lettre me remplit l'âme. Moi, user de ruses et de finesses avec vous ! Moi, accusée de la plus noire des infamies ! Adieu ! Je regrette que vous ayez la... Adieu !... Dispensez-vous seulement de vous mettre en peine de ma réputation. »

Rousseau ne persista point dans ses imputations. Il avait sans doute des remords du coup qu'il avait porté. Il courut à la Chevrette et obtint son pardon. Mais le mal était fait, la blessure profonde. On ne revient pas facilement de telles secousses et de ces atteintes portées à l'amitié. Les querelles, les réconciliations entre amis laissent toujours de mauvaises traces ; on n'est jamais plus près de se brouiller qu'à la suite d'une réconciliation. Très-exigeant en amitié, Rousseau était extrême dans ses épanchements comme dans ses querelles .

L'ours avait la patte lourde, et il étouffait en embrassant ; bien des gens n'aiment pas ces violentes caresses. Grimm, qui avait l'esprit froid et perspicace, jugeait Rousseau avec son flegme tout germanique. Il avait blâmé madame d'Épinay d'avoir recueilli Rousseau à l'Ermitage, et il prévoyait d'infaillibles complications. Il lui écrivait dans cette circonstance : « L'histoire de Rousseau m'afflige ; cet homme finira par être *fou*. Nous le prévoyions depuis longtemps. Mais ce qu'il faut considérer, c'est que ce sera son séjour à l'Ermitage qui en sera la cause. Il est impossible qu'une tête aussi chaude et *aussi mal organisée* supporte la solitude. Le mal est fait ; vous l'avez voulu, ma pauvre amie, quoique je vous aie toujours dit que vous en auriez du chagrin... Il est certain que cela finira par quelque diable d'aventure qu'on ne peut prévoir. »

A cela, madame d'Épinay répondait : « La *folie* de Rousseau me fait pitié, et sa fausseté m'inspire un profond mépris. Vous croyez bien que je ne saurais marquer de l'amitié à celui que je méprise ; mais je ne saurais davantage marquer du ressentiment à un *fou*. Je m'en tiens donc à l'indifférence. » (*Mémoires*, année 1757.)

Les rapports ainsi tendus ne pouvaient qu'aboutir à une rupture. Voici dans quelles circonstances elle devint définitive, pour amener ensuite celle de Rousseau avec tout le clan philosophique, représenté par Grimm et Diderot.

Madame d'Épinay, étant fort souffrante, prit le parti d'aller à Genève pour se faire traiter par le célèbre Tronchin; elle fit part de son projet à Rousseau, lui dit qu'elle emmènerait avec elle son fils avec son précepteur, Linant; puis elle ajouta négligemment : « Et vous, mon ours, ne viendrez-vous pas aussi? » Rousseau, qui était malade en ce moment, ne prit pas la chose au sérieux. Mais Diderot intervint avec sa fougue ordinaire, et fort maladroitement, il écrit à Rousseau : « J'apprends que madame d'Épinay va à Genève, et je n'entends point dire que vous l'accompagniez. Mon ami, content de madame d'Épinay, il faut partir avec elle; mécontent, il faut partir beaucoup plus vite. Êtes-vous surchargé du poids des obligations que vous lui avez? Voilà une occasion de vous acquitter en partie et de vous soulager. »

Parler à Rousseau de devoirs, d'obligations, de reconnaissance, c'était le piquer au vif dans son orgueil. Il reçut cette lettre en présence de madame d'Épinay, et en la lisant, il témoigna une grande colère; il la déchira avec ses dents, et s'écria : « Mordieu! ce ne sont pas là des amis; ce sont des tyrans. Quel ton impérieux prend ce Diderot! Je n'ai que faire de leurs conseils. » Madame d'Épinay prit la lettre et la lut; ce fut à son tour d'être indignée en voyant que Rousseau l'avait accusée auprès de Diderot. « Mécontent de moi, monsieur! Quels sont donc mes torts envers vous, s'il vous plaît?... Et vous vous êtes permis de m'accuser auprès de M. Diderot! — Je l'avoue, reprit-il; je vous en demande pardon. Il vint me voir; alors j'avais le cœur oppressé; je ne pus résister à l'envie de lui confier ma peine. » Madame d'Épinay, indignée, voulut le chasser de son appartement. Il tomba à ses genoux et lui demanda grâce, en l'assurant qu'il allait écrire sur-le-champ à Diderot pour la justifier. « Tout comme il vous plaira, lui dit-elle; rien de votre part ne peut plus m'affecter..... Monsieur, sortez; votre présence me fait mal; je suis trop heureuse de partir, je ne pourrais prendre sur moi de vous revoir. » (*Mémoires de madame d'Épinay.*)

Dans ses *Confessions*, Rousseau reproduit bien la lettre de Diderot, mais il ne dit rien de l'explication qui s'ensuivit avec madame d'Épinay, ni du pardon qu'il demanda, car il n'est pas d'humeur à avouer une humiliation. Pour atténuer ses torts, il fait grand bruit d'un complot organisé pour le forcer d'aller à Genève avec madame d'Épinay. En se mettant à sa suite, il eût eu l'air d'un laquais, d'un complaisant. Ce sentiment se révèle dans une lettre à Saint-Lambert, où il dit :

« Quoi qu'il arrive, je ne veux pas aller m'étaler dans mon pays à la suite d'une fermière générale. » Mais ce qui est plus grave, c'est que Rousseau insinue que madame d'Épinay n'allait à Genève que pour dissimuler une grossesse qu'elle tenait à ne pas avouer. Comme il n'y a aucune preuve de ce fait, sinon des commérages de Thérèse rapportés à Rousseau et commentés par lui; que de plus M. d'Épinay devait accompagner sa femme dans ce voyage, l'imputation de Rousseau reste simplement odieuse et gratuite, et rien ne peut l'excuser.

Après le départ de madame d'Épinay, Rousseau n'avait pas encore quitté l'Ermitage, et il espérait pouvoir y passer encore l'hiver de 1757-1758. C'est à cette intention qu'il écrivait à Genève à madame d'Épinay : « J'ai voulu quitter l'Ermitage, et je le devais; mais on prétend qu'il faut que j'y reste jusqu'au printemps, et, puisque mes amis le veulent, j'y resterai jusque-là si vous y consentez. » Madame d'Épinay, décidée à rompre avec cet hôte incommode, comme l'avait déjà fait Grimm, lui répondit :

« Puisque vous vouliez quitter l'Ermitage et que vous le deviez, je suis étonnée que vos amis vous aient retenu. Pour moi, je ne consulte point les miens sur mes devoirs, et je n'ai rien à vous dire sur les vôtres. »

C'était bien un congé définitif et sous une forme un peu dure; l'amitié était morte et avait fait place au dédain. Rousseau le comprit et quitta sans délai son cher asile, pour aller s'établir à Montlouis, près de Montmorency. Quant à Diderot, il voulut aussi avoir une dernière explication avec Jean-Jacques. Il alla le voir; en l'apercevant, Rousseau lui cria d'une voix de tonnerre : « Que venez-vous faire ici? » — Je viens savoir, répondit Diderot, si vous êtes *fou* ou méchant. — On s'expliqua sans pouvoir s'entendre, et tout fut fini entre eux. « Cet homme est un *forcené,* écrivait Diderot à Grimm avec son emphase ordinaire; oh! mon ami, quel spectacle que celui d'un homme méchant et bourrelé!... »

C'est ainsi que Rousseau se trouva séparé violemment du parti des philosophes. Son humeur bizarre n'avait pu s'accommoder de leur commerce; son orgueil s'était heurté à des prétentions rivales; son amitié, trop exigeante, se croyait des droits exclusifs et n'admettait point de devoirs. Il se fit ainsi des ennemis implacables de ceux sur lesquels il comptait le plus.

Là commencent véritablement ses malheurs. Déjà l'idée d'un complot formé contre lui est entrée dans sa tête; elle ne le quittera plus; il en restera obsédé comme d'un cauchemar. Cette

3

trame imaginaire va l'enserrer dans son invisible réseau; il y croira jusqu'à la fin avec une sombre persistance : ce sera sa manie, sa *folie*, et c'est ce point de vue qu'il nous reste à développer.

II

Après son départ de l'Ermitage, Rousseau feint de croire que madame d'Épinay le regretta et ouvrit la voie à une réconciliation; il ne voulut point s'y prêter, dit-il, et madame d'Épinay « entrant alors dans toutes les vues de Grimm et de la coterie holbachique, elle unit ses efforts aux leurs pour me couler à fond. Tandis qu'ils travaillaient à Paris, elle travaillait à Genève. Grimm, qui dans la suite alla l'y joindre, acheva ce qu'elle avait commencé. Tronchin, qu'ils n'eurent pas de peine à gagner, les seconda puissamment, et devint le plus furieux de mes persécuteurs... Je sus qu'ils m'imputaient des noirceurs atroces, sans jamais pouvoir apprendre en quoi ils les faisaient consister. » De telles allégations ne prouvent qu'une chose, c'est que Rousseau avait l'imagination malade, et que le complot ténébreux dont il parle était dans sa tête plutôt qu'ailleurs. Selon lui, c'est Grimm qui en était l'âme. « Diderot et d'Holbach n'étaient pas gens à trouver des complots bien noirs : l'un n'en avait pas la méchanceté ni l'autre l'habileté; Grimm seul faisait son plan dans sa tête... il forma le projet de renverser ma réputation de fond en comble. »

Faut-il croire à ce plan dont Grimm serait l'auteur, et qui consistait à perdre J. J. Rousseau? Cela ne paraît guère possible, surtout avec les proportions que ce dernier lui attribua dans la suite, et la persistance dans son application durant de longues années. Grimm n'aimait pas Rousseau, c'est évident. Qu'il ait cherché à le supplanter chez madame d'Épinay, à l'en évincer, on peut l'admettre. Grimm avait la tête froide, l'esprit net et lucide, de l'ambition, un vif désir de se pousser dans le monde; il savait s'insinuer, se rendre agréable et utile : tout le contraire de Rousseau. Il parvint à se faire à Paris le correspondant de sept princes souverains du Nord, dont trois portaient la couronne; l'un d'eux le créa baron, et les autres le décorèrent, tout en le payant largement du soin qu'il mettait à les informer des secrets de la société parisienne. Nous avons seize volumes de ses lettres, généralement fort curieuses, d'une touche délicate et d'un esprit acéré. Rousseau, qui l'avait patronné et introduit dans le cercle de ses relations, avait droit de compter sur son amitié et sa reconnaissance. Mais Grimm avait le cœur dégagé autant que l'esprit; ses succès dans le monde le rendirent vain, dédaigneux, impertinent. Les extravagances sentimentales de Rousseau ne pouvaient lui aller; il vit dans cette tête trop ardente le germe de bien des sottises; il en avertit madame d'Épinay et lui prédit qu'elle se repentirait de si bien accueillir un *fou* de cette espèce. Éloigner Rousseau de ses amis, de ses protecteurs, c'était se débarrasser, lui et eux, d'un importun dangereux. Mais parvenu à ses fins, il lui suffisait de le laisser glisser sur une pente fatale, et rien ne prouve qu'il ait poussé plus loin l'ingratitude ou la méchanceté.

Pendant l'année que passa Rousseau à Montlouis, il écrivit sa *Lettre à d'Alembert sur les spectacles*, en réponse à l'article *Genève*, inséré par celui-ci dans l'*Encyclopédie*. Rousseau protestait d'avance contre l'établissement d'un théâtre dans sa ville natale, ce que réclamait l'article en question; il y voyait la ruine des mœurs chez ses concitoyens. Mais Voltaire, qui jouait la comédie dans son château aux portes de Genève, sut fort mauvais gré au *citoyen* de contrecarrer ses projets. La *Julie* de Rousseau, c'est ainsi qu'il nommait sa *Nouvelle Héloïse*, fut aussi achevée à cette époque. L'impression en fut faite en Hollande, mais M. de

Malesherbes, chargé de l'inspection de la librairie, et qui avait un faible pour les philosophes, recevait directement les épreuves et les envoyait à Rousseau, pour lui épargner les frais de poste; il en fit même faire une édition en France au profit de Rousseau, mais en retranchant nombre de passages qui pouvaient faire scandale. Rousseau avait mis quelque part que « la femme d'un charbonnier est plus digne de respect que la maîtresse d'un roi »; M. de Malesherbes supprima la phrase dans un carton imprimé exprès pour l'exemplaire destiné à madame de Pompadour. Le ministre, « aussi faible qu'honnête », c'est le mot de Rousseau, accommodait ainsi la politique avec ses devoirs.

Malgré ses idées de retraite absolue, Jean-Jacques se trouva bientôt relancé dans le tourbillon du grand monde : sa fierté républicaine s'y laissait toujours prendre. A Montlouis, il se trouvait voisin du château de Montmorency, qui appartenait au maréchal de Luxembourg. On lui fit des avances, des invitations; il y résista d'abord. « Je ne me souciais pas, dit-il, de la table des grands. » Mais le maréchal fit la première démarche, et alla le voir en compagnie de cinq ou six personnes. Rousseau les reçut dans son unique chambre, au milieu de ses assiettes et de ses pots cassés; il craignait même que le plancher, tout pourri, ne s'effondrât sous leurs pieds. Il se hâta de les faire sortir et en avoua la raison au maréchal, qui le pria d'accepter un logement chez lui, en attendant que son plancher fût réparé. Rousseau se laissa toucher de tant de prévenance, et alla habiter au petit château du maréchal, situé au milieu du parc, entre l'orangerie et une pièce d'eau. Occupé d'écrire son *Émile*, il trouva dans ce beau paysage de fraîches inspirations, en même temps que le calme dont il avait besoin. « J'étais là dans le paradis terrestre; j'y vivais avec autant d'innocence et j'y goûtais le même bonheur. » (*Confessions*.)

C'était bien, si cela avait pu durer; mais le paradis n'a jamais été aux portes de Paris. Rousseau ne put résister aux invitations, aux caresses que lui firent M. et madame de Luxembourg; il devint un habitué du grand château, un familier de ses nobles hôtes; il était du dîner et de la promenade. La maréchale voulut qu'il lui fît lecture de sa *Julie* : elle s'en engoua. « Elle ne parlait que de moi, ne s'occupait que de moi, me disait des douceurs toute la journée, m'embrassait dix fois le jour. » Cette intimité ne dura pas : Rousseau avoue qu'il fit mainte balourdise, faute d'assurance et de savoir-vivre. Sa maison de Montlouis étant réparée, il y reprit domicile, mais il garda l'appartement du petit château et y retournait de temps en temps. Il n'était pas insensible au bien-être qu'il y trouvait, non plus qu'aux visites que lui faisaient de grands personnages, tels que le duc de Villeroy, le prince de Tinguy, le marquis d'Armentières, la duchesse de Montmorency, la comtesse de Valentinois, la duchesse et la comtesse de Boufflers. Quand il se sentait honteux, lui démocrate, d'avoir frayé avec le grand monde, il se dédommageait en allant souper avec son voisin, le maçon Pilleu; c'était une compensation qu'il croyait devoir accorder à ses rigides principes de citoyen d'une république.

Madame de Luxembourg se refroidit peu à peu; mais il conquit la faveur du prince de Conti, avec lequel il joua aux échecs. Il eut l'audace de le gagner, et même de lui dire : « Monseigneur, j'honore trop Votre Altesse pour ne pas la gagner toujours aux échecs. » Le prince sentit, dit Rousseau, qu'il n'y avait que moi qui le traitais en homme. Mais Diogène avait fait mieux en écartant Alexandre de son soleil. Deux fois le prince lui envoya du gibier de sa chasse; au second envoi, il écrivit qu'il n'en recevrait plus. C'était grossier : Rousseau l'a reconnu. « C'était moins la délicatesse d'un homme fier qui veut conserver son indépendance, que la rusticité d'un mal-appris qui se méconnaît. » Ce n'est pas tout : Rousseau eut la fatuité de croire que madame de Boufflers, maîtresse du prince de Conti, lui faisait les yeux doux, et qu'il ne tenait qu'à lui de suivre l'aventure; mais il se rappela à temps qu'il avait la cinquantaine, et il fut sage, au grand dépit, prétend-il, de madame de Boufflers. N'est-ce pas Saint-Preux qui avait tourné la tête à son auteur?

C'est en effet à ce moment que Rousseau obtenait un des plus grands succès que jamais romancier ait rêvé. Sa *Nouvelle Héloïse* venait de paraître et faisait fureur à la cour comme à la ville. « Les femmes surtout, dit-il, s'enivrèrent et du livre et de l'auteur, au point qu'il y en avait peu, même dans les plus hauts rangs, dont je n'eusse fait la conquête si je l'avais entrepris. » On voulait croire qu'il avait écrit sa propre histoire; de là cette avalanche de lettres passionnées qu'il reçut et dont il fit recueil. Elles n'ont jamais été imprimées, en sorte que nous restons indécis entre la modestie et la fatuité du grand homme.

En dépit de ce triomphe, Rousseau se sentait déchoir à l'hôtel de Luxembourg; la maréchale ne lui témoignait plus que de la froideur. Il lui lisait bien son *Émile,* qui allait bientôt paraître, mais elle y prenait moins de goût qu'à sa *Julie*. Rousseau sentit qu'il avait fait fausse route en engageant son cœur dans une intimité où tout était disproportionné et qui ne pouvait être durable. Les gracieusetés de la maréchale n'étaient que l'effet d'un engouement passager. Rousseau en avait le sentiment, mais il eut le mauvais goût de s'en plaindre. « Pourquoi m'attaquez-vous tous deux par un faible qu'il faut vaincre, puisque, dans la distance qui nous sépare, les épanchements des cœurs sensibles ne doivent pas rapprocher le mien de vous? La reconnaissance suffira-t-elle pour un cœur qui ne connaît pas deux manières de se donner, et ne se sent capable que d'amitié? D'amitié! Madame la maréchale; ah! voilà mon malheur! Il est beau à vous, à M. le maréchal, d'employer ce terme; mais je suis insensé de vous prendre au mot. Vous vous jouez; moi, je m'attache, et la fin du jeu me prépare de nouveaux regrets. Que je hais tous vos titres et que je vous plains de les porter!... Dans le rang où vous êtes, dans votre manière de vivre, rien ne peut faire une impression durable, et tant d'objets nouveaux s'effacent si bien mutuellement qu'aucun ne demeure. Vous m'oublierez, Madame, après m'avoir mis hors d'état de vous imiter. » (*Corresp.*)

Cette lettre, d'un style parfait et d'un sentiment si touchant, nous semble pourtant déplacée. Rousseau aurait voulu l'égalité, la réciprocité, là où elle était impossible. On est tenté de lui crier : Qu'alliez-vous faire dans cette galère? De plus, les reproches sont un mauvais moyen de raviver l'amitié qui s'éteint. Il sentait qu'il s'était encore fourvoyé en s'attachant à plus grands que lui, au lieu de rester au coin de son foyer rustique et de manger la soupe avec le maçon Pilleu. Mais empêchez donc le papillon de voler autour de la flamme et d'y brûler ses ailes !

Toujours victime de son cœur et de son imagination, Rousseau devait être tracassé bien plus vivement encore à propos de l'impression de son *Émile*. Cette impression marchait lentement; il ne recevait pas les feuilles attendues. Pourtant M. de Malesherbes avait fait lui-même le traité de l'auteur avec le libraire Duchesne, et il se chargeait de corriger les épreuves. Impatienté d'un retard auquel il ne comprenait rien, Rousseau écrivait lettres sur lettres; il se troublait, il *délirait*. Il y avait là, selon lui, une machination des Jésuites. « Mon imagination part comme un éclair et me dévoile le mystère d'iniquité; j'en vis la marche aussi clairement, aussi sûrement que si elle m'eût été révélée. Je me figurai que les Jésuites, furieux du ton méprisant sur lequel j'avais parlé des colléges, s'étaient emparés de mon ouvrage, que c'étaient eux qui en accrochaient l'édition. »

M. de Saint-Marc Girardin, dans son ouvrage sur J. J. Rousseau, s'arrête à ce passage des *Confessions* et l'accompagne des réflexions suivantes, qui viennent bien à l'appui de notre thèse : « Voilà une véritable *clinique* de la maladie de Rousseau, faite par lui-même. Cette disposition à prendre ombrage de tout, à grouper les circonstances les plus insignifiantes et à les rapporter à je ne sais quel complot imaginaire ; cette sagacité maladive de l'esprit qui fait qu'il interprète tout en mal ; cette clairvoyance dans le faux, cette promptitude de conjectures, ce don de produire autour de soi un mirage fatal et de vivre dans le milieu qu'on a créé comme dans la réalité ; tels sont les traits principaux de ce *délire mélancolique* qui remplit la fin de la vie de Rousseau. » Nous sommes bien aise de constater cette opinion du savant professeur de la Sorbonne, et de montrer que nous ne sommes pas les premiers à dévoiler la maladie mentale qui fit si souvent extravaguer notre auteur. « Je me sentais mourant, ajoute Rousseau ; j'ai peine à comprendre comment cette extravagance ne m'acheva pas. »

M. de Malesherbes, témoin de ces agitations

insensées, fit tout pour le calmer, et alla même exprès à Montmorency pour dissiper l'*égarement de cette pauvre tête :* l'expression est de Rousseau. Ces inquiétudes ayant disparu par la reprise de l'impression, qui se continua sans encombre, il semble que l'écrivain dût retrouver le calme. Il n'en fut rien : le remords qu'il éprouva de ses injustes soupçons lui fit plus de mal encore, et dans ce nouvel égarement, il eut la pensée du suicide. Il écrit à Genève à son ami Moultou : « C'en est fait, cher Moultou ; nous ne nous reverrons plus que dans le séjour des justes. Mon sort est décidé par les suites de l'accident dont je vous ai parlé ci-devant. Ce qui m'humilie et m'afflige est une fin si peu digne, j'ose dire, de ma vie, et du moins de mes sentiments. Il y a six semaines que je ne fais que des iniquités, et n'imagine que des calomnies contre deux honnêtes libraires, dont l'un n'a de torts que quelques retards involontaires, et l'autre un zèle plein de générosité et de désintéressement, que j'ai payé, pour toute reconnaissance, d'une accusation de fourberie. Je ne sais quel aveuglement, quelle sombre humeur, inspirée dans la solitude par un mal affreux, m'a fait inventer, pour en noircir ma vie et l'honneur d'autrui, ce tissu d'horreurs, dont le soupçon, changé dans mon esprit prévenu presque en certitude, n'a pas mieux été déguisé à d'autres qu'à vous. » (*Corresp.*)

Ce qu'il y a surtout à noter dans cette crise d'aberration, c'est l'idée de suicide, qui déjà hante l'esprit de Rousseau, tant ses impressions étaient vives, et portaient atteinte à sa raison. Le calme revint, mais avec des alternatives de rechute, autre symptôme d'un mal qui s'aggrave. Après avoir eu peur des Jésuites, il eut peur des jansénistes et des philosophes. Il s'imagina qu'on était entré en son absence dans son cabinet, où étaient étalées les feuilles et les épreuves de son livre; qu'on les avait dérangées, qu'un des volumes avait disparu pendant deux jours, puis avait été remis à sa place. Il soupçonna des voisins qui étaient de la secte janséniste, et cessa avec eux toute relation, après avoir mis en sûreté tous ses papiers.

L'*Émile* avait paru, sans grand éclat d'abord, ni en blâme ni en éloge. Ceux qui le louaient mettaient une sourdine à leur approbation; quant au blâme, il s'annonça par une sourde fermentation, prélude d'un éclat redoutable. Rousseau paraissait bien tranquille; son livre, il est vrai, n'était pas catholique et mettait en doute la révélation; mais il était chrétien par le fond de la pensée, et fièrement spiritualiste. De la part d'un protestant, le rationalisme devait paraître tout naturel. Il s'en était fait simultanément deux éditions, l'une en Hollande, l'autre en France, et cette dernière, sous la direction même de Malesherbes, ce qui donnait toute quiétude à l'auteur. L'*Émile* n'avait-il pas aussi l'appui, la complicité de M. et madame de Luxembourg, l'appui du prince de Conti et de madame de Boufflers ? Mais quand Rousseau les vit inquiets eux-mêmes, quand on lui parla d'arrestation possible, de la Bastille, d'une fuite en Angleterre, il finit par s'alarmer. Enfin il apprit à n'en pouvoir douter que le Parlement l'avait décrété de prise de corps, et comme il ne voulait point compromettre le maréchal de Luxembourg, il se décida à fuir vers la frontière suisse, et partit en cabriolet de poste. Il paraît qu'on ne tenait pas beaucoup à son arrestation, car les huissiers chargés d'exécuter l'arrêt n'y mirent pas beaucoup de hâte. Rousseau les rencontra en route ; ils le saluèrent en souriant et passèrent. Ce devait être un mot d'ordre ; sa fuite arrangeait le pouvoir, qui ne tenait pas à passer pour tyrannique envers les écrivains Il paraît même que sans le parti pris du ministère de supprimer les Jésuites, Rousseau n'eût pas été inquiété pour son *Émile;* son *Vicaire savoyard* était moins irréligieux que beaucoup d'autres livres où débordaient le matérialisme et l'impiété. Mais comme on craignait l'effet qu'allait produire l'expulsion des Jésuites, connus comme intrépides défenseurs de la foi catholique, on cherchait une compensation en frappant un livre déiste où la révélation était attaquée. Cette double mesure, qui s'adressait à l'opinion, fut presque simultanée; Rousseau fut décrété le 9 juin 1762, et la Société de Jésus frappée par un arrêt du 9 août suivant. Ainsi le voulurent Choiseul et madame de Pompadour.

Rousseau va donc recommencer sa vie errante, sous le coup d'une persécution véritable, mais différente de celle qu'il imagine. Il y voit la main d'ennemis secrets, tandis que la politique seule en est la cause; c'est son *Émile* qui en a provoqué l'éclat. Le ministère avait voulu donner un gage à l'orthodoxie catholique, qui se trouvait battue en brèche par la Profession de foi du Vicaire savoyard. Le décret rendu contre lui n'eut pas d'autre origine. A Genève, au sein même de sa ville natale, ses doctrines parurent également dangereuses; le livre y fut condamné par l'autorité ecclésiastique et brûlé publiquement. L'*Émile* heurtait violemment les croyances admises; il n'est pas besoin d'imaginer un complot formé de longue date pour comprendre l'émotion produite par cet ouvrage et les mesures violentes qui en furent la suite. Mais Rousseau, dans le noir chagrin qui assombrit son âme, n'y voit que le résultat d'une conspiration dont il est victime. C'est ce que constatent les paroles amères par lesquelles débute le XIIe livre des *Confessions* : « Ici commence l'œuvre de ténèbres dans lequel, depuis huit ans, je me trouve enseveli, sans que, de quelque façon que je m'y sois pu prendre, il m'ait été possible d'en percer l'effrayante obscurité. Dans l'abîme de maux où je suis submergé, je sens les atteintes des coups qui me sont portés, j'en aperçois l'instrument immédiat, mais je ne puis voir ni la main qui le dirige ni les moyens qu'elle met en œuvre... je me perds dans la route obscure et tortueuse de ces souterrains. »

Si les manœuvres obscures dont parle Rousseau eussent réellement existé, comment croire qu'il ait passé sa vie à en chercher le fil conducteur sans pouvoir le saisir ? Il y a échoué, il l'avoue ; mais le temps, qui révèle tous les secrets ; la critique, qui fouille si habilement le passé, n'auraient pu manquer de jeter la lumière sur ces obscurités historiques. Or les doléances de Rousseau sont restées stériles ; il nous a nommé ses envieux, ses jaloux, ses ennemis ; les *Confessions* sont aussi explicites que possible ; rien n'est venu s'y ajouter sur le sujet qui le préoccupe. La seule conclusion qu'on puisse en tirer, c'est que lui-même est l'inventeur du complot prétendu qui a troublé sa vie. L'idée fixe est devenue manie. Il nous semble bien atteint d'un genre de folie assez fréquent, la folie de la persécution. Plus on l'étudie de près, plus cette conviction s'affirme et se fortifie.

La fuite de Rousseau à travers la France s'accomplit sans obstacles. Arrivé à la frontière de la Suisse, il descendit de voiture, se prosterna et baisa la terre en s'écriant avec transport : « Ciel! protecteur de la vertu, je te loue, je touche une terre de liberté! » Son postillon le crut fou. Ce n'était pas la liberté qu'il allait trouver en Suisse, mais de nouvelles tribulations. La condamnation de l'*Émile* à Genève excita la tempête. Rousseau s'était arrêté à Iverdun, dans le canton de Berne ; il ne put y rester, tant l'opinion était montée contre lui. Il alla s'établir à Motiers, dans le Val-de-Travers, comté de Neufchâtel, qui appartenait au roi de Prusse. Rousseau n'aimait pas Frédéric ; il avait même écrit assez librement sur son compte; mais il se fia à la grandeur d'âme du Roi, et sa confiance ne fut pas trompée : il ne tint qu'à lui de recevoir une pension de ce prince. Il trouva un protecteur, un ami dans le gouverneur de Neufchâtel, milord Keith, maréchal d'Écosse, qui lui rendit le séjour de

Motiers agréable. Thérèse était venue le retrouver.

Rousseau avait toujours espéré que le conseil de Genève reviendrait sur la condamnation de son *Émile*, et il avait des amis qui agissaient dans ce sens. Il ne comprenait pas en quoi la profession de foi du Vicaire savoyard était contraire à la foi protestante, qui est basée, non sur l'autorité, mais sur la raison individuelle. Il attribuait à ses ennemis la persécution et la répulsion de ses concitoyens. « C'est le polichinelle Voltaire et le compère Tronchin, qui, tout doucement, et derrière la toile, ont mis en jeu toutes les autres marionnettes de Genève et de Berne; celles de Paris sont menées aussi, mais plus adroitement encore, par un autre arlequin que vous connaissez bien. » (Lettre à la maréchale de Luxembourg, 21 juillet 1762.)

A la fin, il se dépita et prit en dégoût sa patrie; il envoya au premier syndic de la république de Genève la lettre suivante : « Je vous déclare et je vous prie de déclarer au magnifique Conseil que j'abdique à perpétuité mon droit de bourgeoisie et de cité dans la ville et la république de Genève. » (12 mai 1763.)

Ce ne fut pourtant pas sans un déchirement profond que Rousseau prit ce parti extrême; l'ingratitude de ses concitoyens avait porté le désespoir dans son âme; ce fut un moment de *folie*, car il eut l'idée de recourir au suicide. On en trouve la preuve dans trois lettres, toutes datées du 1er août 1763. L'une est adressée à Duclos; il lui annonce qu'il touche à son dernier moment, et lui recommande Thérèse. La seconde, à M. Martinet, contient son testament en faveur de cette femme; il la termine par ces mots . « Je pars pour la patrie des âmes justes. » Enfin dans la troisième, à son ami Moultou, il répéte ce qu'il avait déjà dit dans celle de Duclos : « Je suis dans le cas d'exception faite par milord Édouard en répondant à Saint-Preux, ou jamais homme au monde n'y fut. Il est bien cruel de n'avoir pas la main d'un ami pour me fermer les yeux. » Ce désespoir fut passager; mais c'est un prodrome dont il faut prendre note.

Réfugié en territoire prussien, Rousseau s'y croyait à l'abri de tout mauvais vouloir. Mais Neufchâtel est encore la Suisse, et la mauvaise réputation de l'écrivain le suivait partout; ses bizarreries contribuaient à l'exagérer. Il avait adopté pour raison de santé, dit-il, le costume arménien : veste, cafetan, bonnet fourré, ceinture; il allait au temple ainsi accoutré. Résolu à cesser tout travail littéraire, il employait son temps à faire du lacet; il portait son coussin dans ses visites, ou travaillait devant sa porte en causant avec les passants. Il faisait présent de ses lacets à des jeunes femmes, à condition qu'elles allaiteraient elles-mêmes leurs enfants. Pour se mettre en règle vis-à-vis de son Église et du pasteur de Motiers, Montmolin, il lui écrivit pour lui demander d'être admis à la communion dans son église, protestant de son attachement à la foi réformée. Il s'attendait, dit-il, à un refus, mais il ne rencontra aucune difficulté.

Rousseau avait beau faire : il était suspect. Les uns l'accusaient d'impiété, les autres d'hypocrisie. Mal vu à Neufchâtel, il se piqua contre les habitants et s'obstina à ne pas mettre le pied dans leur ville. Il les appelait les Gascons de la Suisse, ayant de l'esprit et encore plus de prétentions. « Ils se croient polis parce qu'ils sont façonniers, et gais parce qu'ils sont turbulents. Je crois qu'il n'y a que les Chinois au monde qui puissent l'emporter sur eux à faire des compliments... La religion dont ils se piquent sert plutôt à les rendre hargneux que bons... Sans la protection déclarée de milord Maréchal, on ne m'eût sûrement point laissé en paix dans ce village. Loin d'avoir nulle obligation à messieurs de Neufchâtel, je n'ai qu'à m'en plaindre. D'ailleurs, je n'ai pas mis le pied dans leur ville : ils me sont étrangers à tous égards. »

Rousseau n'avait donc pas encore trouvé là le pays de ses rêves. Milord Maréchal ayant quitté son poste, sa retraite lui fut très-sensible et le laissa sans protection. Il songeait à écrire ses *Confessions*, et en parlait volontiers à tout le monde, ce qui contribua, dit-il, à amonceler l'orage sur sa tête. Il éclata à la publication de ses *Lettres écrites de la Montagne,* qui furent brûlées à Paris. Le contre-coup ne tarda pas à se faire sentir à Neufchâtel et à Motiers. Insulté, menacé par la populace, il fut cité devant le Consistoire pour y rendre compte de sa foi et être excommunié en cas de refus; le ministre Montmolin s'était tourné contre lui. Cependant le Consistoire en majorité lui fut favorable; mais il n'en fut pas moins considéré comme l'Antechrist, et sa maison fut, pendant la nuit, assaillie d'une grêle de cailloux. « L'émeute est telle ici parmi la canaille que la nuit dernière mes portes ont été forcées, mes vitres cassées, et une pierre grosse comme la tête est venue frapper presque mon lit... Le ministre s'est fait ouvertement chef d'une bande de coupe-jarrets. » (*Corresp.*, 1765.) Il comprit qu'il y allait de sa sûreté comme de son honneur de quitter un pays qui le traitait si mal, et il se rendit à l'île Saint-Pierre, au milieu du lac de Bienne, dans le canton de Berne : solitude profonde, où il espérait se faire oublier des hommes et terminer sa carrière. Voici comment il décrit son amour de la liberté, qui est en même temps une peinture de son caractère :

« J'aime à m'occuper à faire des riens, à commencer cent choses et n'en achever aucune, à aller et venir comme la tête me chante, à changer à chaque instant de projet, à suivre une mouche dans toutes ses allures, à vouloir déraciner un rocher pour voir ce qu'il y a dessous, à entreprendre avec ardeur un travail de dix ans et à l'abandonner sans regret au bout de dix minutes, à muser enfin toute la journée sans ordre et sans suite, et à ne suivre en toutes choses que le caprice du moment. » (*Confessions,* liv. XII.)

C'est dans cette disposition d'esprit que Rousseau s'adonna à la botanique, qui devint bientôt sa passion dominante, et qui, dans ses malheurs, fut sa plus douce consolation. La solitude de son île avait pour lui de grands charmes ; il aurait voulu, dit-il, qu'on la lui donnât pour prison perpétuelle. Ce fut le contraire qui arriva ; il reçut brusquement du sénat de Berne « l'ordre formel de sortir de l'île et de tout le territoire de la république dans les vingt-quatre heures, et de n'y rentrer jamais sous les plus griéves peines ».

Cet ordre d'exil fut un moment affreux pour

Rousseau. On était à l'entrée de l'hiver ; quel parti prendre? Où se réfugier? En quel lieu porter ses pénates errants? Il avait rêvé de se rendre en Corse ; un passage du *Contrat social,* où il parlait avec éloge de ce pays, lui avait fait là des amis. Mais comment entreprendre un tel voyage dans cette saison, et s'y décider en vingt-quatre heures?

Il y renonça, et, comptant sur l'amitié de milord Maréchal, il résolut de se rendre à Berlin. Mais ses ennemis, dit-il, eurent l'adresse de l'en empêcher, et de le pousser vers l'Angleterre, en compagnie de Hume, qu'il croyait son ami, et qui conspirait sa perte.

A cette année 1765 s'arrêtent les *Confessions* de Rousseau ; il n'eut pas le temps ou le courage de les continuer. C'est désormais dans sa *Correspondance* et les témoignages contemporains que nous trouverons la triste suite de ses aventures. Dans les dernières années, les lettres deviennent de plus en plus rares, et de 1772 à 1778, on en trouve à peine quelques-unes.

Rousseau arriva à Bâle le 30 octobre 1765, et se dirigea sur Strasbourg, où il arriva exténué. Il se remit bientôt, et parut fort touché de la manière gracieuse dont il fut reçu. Lui qui avait baisé la terre de Suisse en y entrant, s'écriait alors : « Grâce au ciel ! je ne suis plus en Suisse ; je le sens tous les jours à l'accueil dont on m'honore à Strasbourg. » Il se plaisait à aller au théâtre, et un journal rendait compte chaque jour de ses faits et gestes. Dans le numéro du 9 novembre, nous trouvons l'anecdote suivante, qui est assez singulière pour être rapportée. « M. Angar lui a rendu visite et lui a dit : Vous voyez, monsieur, un homme qui a élevé son fils suivant les principes qu'il a eu le bonheur de puiser dans votre *Émile*. — Tant pis, monsieur, lui répondit Jean-Jacques, tant pis pour vous et pour votre fils, tant pis ! »

Rousseau reçut alors de Hume « les invitations les plus tendres de se livrer à lui, et de le suivre en Angleterre, où il se chargeait de lui procurer une retraite agréable et tranquille ». (*Lettre à M. de Malesherbes,* 11 mai 1766.) Comme, d'un autre côté, madame de Boufflers et milord Maréchal l'engageaient à se confier à Hume ; que, d'autre part, il redoutait de s'avancer plus loin vers le Nord en plein hiver, il se décida à partir pour Paris, et y arriva le 16 décembre 1765. Le prince de Conti lui donna un logement au Temple, dont il était grand prieur ; c'était un asile inviolable, et Rousseau put y recevoir de nombreuses visites, au point même d'en être importuné. Il avait hâte de partir, et il paraît que M. de Choiseul, qui ne voyait pas de bon œil la présence de Rousseau à Paris, donna des ordres pour accélérer le départ. Il s'embarqua avec Hume, et arriva à Londres au milieu de janvier 1766. Il n'y séjourna pas : sa santé, son humeur, son état, dit-il, devaient l'en éloigner. Provisoirement, il s'arrêta à Chiswick, puis il alla se fixer dans le comté de Derby, à Wootton, chez M. Davenport, riche propriétaire, qui allait rarement dans ce domaine, et le loua à Rousseau pour la modique somme de trente livres.

Est-ce enfin le repos pour Jean-Jacques ? Non, c'est un accroissement de tortures ; son humeur soupçonneuse va reprendre un cours fatal ; c'est maintenant Hume, son protecteur, son appui en Angleterre, qui en est l'objet. Cela est venu tout à coup, contre toute attente, et à l'incohérence, à la bizarrerie des récits de Rousseau, on n'y peut voir qu'une rechute de sa maladie mentale. A peine installé à Wootton, il croit découvrir qu'une lettre à lui adressée a été ouverte et recachetée. « Elle me vint, dit-il, par Hume, très-lié avec le fils de Tronchin, le jongleur, et demeurant dans la même maison ; très-lié encore à Paris avec un de mes plus dangereux ennemis... Toutes mes affaires, toutes mes lettres passent par ses mains; celles que j'écris n'arrivent point; celles que je reçois ont été ouvertes. Plusieurs autres faits me rendent tout suspect de sa part, jusqu'à son zèle. Je ne puis voir encore quelles sont ses intentions, mais je ne puis m'empêcher de les croire sinistres. » (*Correspondance*, 31 mars 1766.)

Voilà donc le complot qui recommence, au moins dans la tête malade de Jean-Jacques.

Le premier accueil en Angleterre lui avait paru aimable, chaleureux; au bout de six semaines, tout est changé : on ne lui témoigne plus que du mépris. « David Hume, écrit-il à madame de Boufflers, travaille en secret, mais sans relâche, à m'y déshonorer. » Il se rappelle alors quelques incidents de son voyage avec Hume : « Le premier soir depuis notre départ de Paris, étant couchés tous trois dans la même chambre (M. de Luze, son ami, était du voyage), j'entendis au milieu de la nuit David Hume s'écrier plusieurs fois : *Je tiens Jean-Jacques Rousseau!*... A souper, il fixait alternativement sur mademoiselle Levasseur et sur moi des regards qui m'effrayaient et qu'un honnête homme n'est guère assez malheureux pour avoir reçus de la nature. Quand elle fut montée pour s'aller coucher, il me fixa de nouveau du même air; je voulus essayer de le fixer à mon tour; il me fut impossible de soutenir son affreux regard. Je sentis mon âme se troubler; j'étais dans une émotion horrible. Enfin le remords de mal juger d'un si grand homme sur des apparences, prévalut; je me précipitai dans ses bras tout en larmes, en m'écriant : — Non, David Hume n'est pas un traître, et, s'il n'était pas le meilleur des hommes, il faudrait qu'il en fût le plus noir. A cela, mon homme, au lieu de s'attendrir avec moi, ou de se mettre en colère, au lieu de me demander des explications, reste tranquille, répond à mes transports par quelques caresses froides, en me frappant de petits coups dans le dos, et s'écriant plusieurs fois : — Mon cher monsieur! Quoi donc, mon cher monsieur ? — J'avoue que cette manière de recevoir mon épanchement me frappa plus que tout le reste. Je partis le lendemain pour cette province, où j'ai rassemblé de nouveaux faits, réfléchi, combiné et conclu, en attendant que je meure.... J'ai vu le docteur Gatti en grande liaison avec notre homme, et deux seules entrevues m'ont appris certainement que, quoi que vous en puissiez dire, le docteur Gatti ne m'aime pas. Je dois vous avertir aussi que la boîte que vous m'avez envoyée avait été ouverte, et qu'on y avait mis un autre cachet que le vôtre. »

(*Lettre à madame de Boufflers,* 9 avril 1766.)

Ne sent-on pas, dans cette lettre étrange, passer comme un souffle de démence? Cet esprit est hanté par l'hallucination. Tous les faits qui se passent autour de lui sont traduits, interprétés dans le sens de la pensée qui le préoccupe. Ces mots qu'il croit entendre la nuit, de la bouche de Hume : — *Je tiens J. J. Rousseau*, — ne peuvent venir que d'un cauchemar. Ces regards sinistres qu'il lui prête, il les voit dans son cerveau malade. Hume dut être bien étonné des paroles, des épanchements de Rousseau, et fort empêché d'y répondre autrement que par ces mots vagues : *Mon cher monsieur*... A coup sûr, il le prit pour un fou et dut être pressé de s'en débarrasser.

La retraite de Rousseau à Wootton, quoique agréable et sûre, fut empoisonnée par ces amères préoccupations : il y revient sans cesse : « Trompé par des traîtres, qui, ne pouvant me déshonorer dans les lieux où j'avais vécu, m'ont entraîné dans un pays où je suis méconnu, et dont j'ignore la langue, afin d'y exécuter plus aisément leur abominable projet... » — Dans une lettre à M. de Malesherbes du 10 mai 1766, il reprend avec plus de détails l'histoire de ses rapports avec Hume, et il accentue ses griefs en ces termes : « Penser qu'un homme avec qui je n'eus jamais aucun démêlé, un homme de mérite, estimable par ses talents, estimé par son caractère, me tend les bras dans ma détresse, et m'étouffe quand je m'y suis jeté : voilà, Monsieur, une idée qui m'atterre. Voltaire, d'Alembert, Tronchin, n'ont jamais un instant affecté mon âme ; mais quand je vivrais mille ans, je sens que jusqu'à ma dernière heure, jamais David Hume ne cessera de m'être présent..... Mes nuits sont cruelles ; mon corps souffre encore plus que mon cœur ; la perte totale du sommeil me livre aux plus tristes idées ; l'air du pays joint à tout cela sa sombre influence, et je commence à sentir fréquemment que *j'ai trop vécu.* » Aux souffrances morales et physiques de Rousseau se joint ici le spleen anglais qui produit des symptômes de désespérance.

Le 31 mai, il écrit à son ami du Peyron : « J'ai rompu toute correspondance avec M. Hume. Je regarde le triumvirat de Voltaire, de d'Alembert et de lui comme une chose certaine ; je ne pénètre point leur projet, mais ils en ont un. »

Sans cette idée préconçue d'un complot toujours menaçant et toujours secret, Rousseau n'aurait pas eu l'idée de soupçonner et d'accuser Hume, qui ne lui avait témoigné que de bonnes intentions, et lui avait trouvé l'asile de Wootton, où il se trouvait fort à l'aise. « Le séjour que j'habite est fort de mon goût ; le maître de la maison est un très-galant homme. Tout ce qui dépend de lui est employé pour me rendre le séjour de sa maison agréable. » (*Correspondance*, 21 juin 1766.)

Hume parla à M. Davenport des accusations de Rousseau, et demanda par lui une explication. Celui-ci la donna dans une longue lettre où il fait l'historique de tous ses griefs. Ce sont les mêmes que nous avons exposés en abrégé. Il lui reproche surtout de s'être entremis pour lui faire obtenir une pension du roi d'Angleterre, ce qui, au fond, était une preuve d'intérêt et de bienveillance. Cette pension, Rousseau n'avait pas cru devoir l'accepter immédiatement, parce que, en recevant déjà une de milord Maréchal, il voulait avoir l'assentiment de ce dernier. C'était fort délicat de sa part, sans doute ; mais Hume faisait preuve de zèle et d'amitié, quand, ayant connu l'assentiment de milord, il insistait dans ses démarches en faveur de Rousseau. Celui-ci n'aimait point à être obligé malgré lui, et plus Hume y mettait de zèle, plus Rousseau y opposait d'obstacle, car il y voyait une machination pour le déshonorer : « Il y a une trame dont Hume tient les principaux fils. Hume a raisonné ainsi : Si Rousseau accepte la pension, avec les preuves que j'ai en main, je le déshonore complétement ; s'il la refuse après l'avoir acceptée, on a levé tout prétexte, il faudra qu'il dise pourquoi; c'est là que je l'attends; s'il m'accuse, il est perdu. »

Tout cela est bien compliqué, et paraît bien être l'élucubration d'un cerveau malade. Hume est un monstre aux yeux de Rousseau. « Il n'y a pas une nuit, ajoute-t-il, où ces mots, *Je tiens Rousseau,* ne sonnent encore à mon oreille comme si je les entendais de nouveau. » N'est-ce pas une obsession, la continuation du cauchemar? La fin de la lettre est navrante, car cette âme est vraiment déchirée par les fantômes qu'elle s'est créés : « Si l'on mourait de douleur, j'en serais mort à chaque ligne. Tout est également incompréhensible dans ce qui se passe. Une conduite pareille à la vôtre n'est pas dans la nature ; elle est contradictoire, et cependant elle m'est démontrée. Abîme des deux côtés. Je péris dans l'un ou dans l'autre. Je suis le plus malheureux des hommes si vous êtes coupable; j'en suis le plus vil si vous êtes innocent : vous me faites désirer d'être cet objet méprisable. » (*Correspondance,* 10 juillet 1766.)

Cette querelle entre Hume et Rousseau fit grand bruit à Paris et à Londres, et occupa le public pendant quelque temps; la société aime assez ces scandales qui lui font passer le temps et alimentent la conversation. Si Rousseau est violent, exagéré dans la lutte, parce que ses sentiments sont exaltés jusqu'à la *folie,* Hume ne l'est pas moins et peut encourir plus d'un reproche : il ne tient pas assez compte de la sensibilité maladive de son protégé. Il avait paru à Paris une prétendue lettre du roi de Prusse, qui était l'œuvre de Walpole, ami de Hume, et que Rousseau croit avoir été fabriquée par d'Alembert. L'auteur de cette lettre, semée de persiflage, s'était emparé d'une plaisanterie faite par Hume contre Rousseau pendant leur séjour à Paris, et l'avait insérée avec un tour piquant : cette lettre fit le désespoir de Rousseau. Il est présumable aussi que l'amitié de Hume n'était pas des plus chaleureuses, et qu'en prenant sous sa protection le grand écrivain, sa générosité visait plus à l'effet qu'elle n'était effective. Sa persistance à faire donner une pension à Rousseau par la cour d'Angleterre pouvait provenir du même mobile; mais Rousseau, qui ne voulait rien recevoir par l'entremise d'un homme en qui il voyait un traître, manquait à la fois de mesure et de reconnaissance. Aveuglé par ses préventions, il perdait le sens, ou la tramontane, comme on dit vulgairement.

Madame de Boufflers, qui avait servi jusqu'alors de lien entre les deux amis, était fort affectée de leurs dissensions, et seule elle voyait juste et vrai dans la cause. Nous avons deux lettres écrites par elle à chacun des deux personnages : elles sont remarquables, autant par le style que par la sagesse des conseils. Elle les blâme de leurs excès et cherche à les ramener à la raison. Hume, en lui écrivant, avait dit de Rousseau : « Je ne sais dans quel coin de terre il pourrait aller cacher sa honte, et cette situation aurait pour résultat *le désespoir ou la folie*... N'est-il pas cruel pour moi de prendre tant de peine à cause d'un pareil *scélérat?* Ne soyez pas surprise si vous entendez parler de cette affaire dans Paris; j'en ai entretenu tous les amis que j'y possède, afin de me justifier contre un homme si dangereux; j'en ai dit un mot au baron d'Holbach. Faites-en part au prince de Conti, en lui demandant ses ordres pour la conduite que j'ai à tenir. Je désirerais, si la santé de madame la maréchale de Luxembourg lui permettait de recevoir de pareilles confidences, que vous eussiez la bonté de la lui faire. Je compte sur l'intérêt de madame de Barbantane, si elle est à Paris. Je n'ai pas encore écrit à milord Maréchal, mais je vais le faire. »

On voit que Hume avait la tête aussi montée que Rousseau, et qu'il pousse les choses à l'extrême. Mais s'il écrit à Paris pour se justifier auprès de ses amis, cela prouve qu'il n'y avait pas de complot. Madame de Boufflers, dans sa réponse, se plaint justement que les confidences de Hume aient été faites à tout le monde avant elle. Elle dit ensuite : « Pourquoi vous soustraire à la plus noble vengeance qu'on puisse prendre d'un ennemi, d'un ingrat, ou plutôt d'un malheureux que les passions et son humeur atrabilaire égarent : celle de l'accabler de votre supériorité, de l'éblouir par l'éclat de cette vertu même qu'il veut méconnaître? La lettre de Rousseau est atroce; c'est le dernier excès de l'extravagance... Ne croyez pas pourtant qu'il soit capable d'artifice, qu'il soit un imposteur ni un scélérat. Sa colère n'est pas fondée, mais elle est réelle, je n'en doute pas... On lui aura mandé qu'une des meilleures phrases de la lettre de M. Walpole était de vous; que vous aviez dit en plaisantant et parlant au nom du roi de Prusse : — Si vous aimez les persécutions, je suis roi et je puis vous en procurer de toutes les espèces. — Si ce fait est vrai et que Rousseau l'ait su, sensible, fougueux, mélancolique, orgueilleux même, comme on dit qu'il l'est, faut-il s'étonner qu'il soit devenu *fou* de rage ? »

Madame de Boufflers écrit ensuite à Rousseau, et elle est pour lui plus sévère, plus dure que pour

Hume, parce qu'elle le sait plus extravagant. « M. Hume m'a envoyé, Monsieur, la lettre extravagante que vous lui avez écrite : je n'en vis jamais de semblable ; tous vos amis sont dans la consternation et réduits au silence... Mais quelles sont donc ces injures dont vous vous plaignez? Quel est le fondement de ces terribles reproches que vous vous permettez? Ajoutez-vous foi si facilement aux trahisons? Votre esprit, par ses lumières ; votre cœur, par sa droiture, ne devaient-ils pas vous garantir des soupçons odieux que vous avez conçus [1] ? » (29 juillet 1766.)

Quoi que pût dire et faire madame de Boufflers, la rupture devint définitive, chacun restant dans son opinion et ne voulant pas faire de réparation. Mais Hume voulut avoir le dernier mot et se laver de tout reproche aux yeux du public. Il

[1] Voici l'opinion de Sainte-Beuve sur les rapports de Rousseau avec Hume : elle résume fort bien la question : « Le pauvre Rousseau, après le premier élan de reconnaissance pour les bienfaits de D. Hume, avait commencé par lui écrire : — *Faire un heureux, c'est mériter de l'être. Puissiez-vous trouver en vous-même le prix de ce que vous avez fait pour moi !* — Puis bientôt, à force de ruminer et de combiner dans son esprit de petites circonstances accessoires et des plus insignifiantes, il en vint à poser cette alternative burlesque : — *Si M. Hume n'est pas le meilleur des hommes, il en est le plus noir.* — Enfin, et presque aussitôt, il passa outre et tira la fameuse conclusion à laquelle il s'arrêta et qu'il bombarda à l'adresse de la postérité : — *David Hume est un scélérat.* »

publia son apologie sous le titre de : *Exposé de sa conduite...*, parce que, disait-il à madame de Boufflers, « le silence le faisait traiter de calomniateur et de faux ami ». L'écrivain anglais ne garde aucune mesure dans sa défense, et descend trop souvent à de grossières injures, à ce point que Suard, qui traduisit cet écrit en français, crut devoir en supprimer une partie; il paraît aussi que d'Alembert mit la main à cette traduction. Ainsi finit cette liaison bizarre, qui n'avait pas duré plus de trois mois, et cette querelle fameuse qui justifie bien le mot du poëte : *genus irritabile vatum*. Si nous nous y sommes arrêtés avec quelque détail, c'est qu'elle forme une étape nouvelle dans les malheurs de Rousseau, et que son esprit malade en éprouva un nouvel ébranlement.

L'année suivante, Rousseau n'en reçut pas moins, sans l'avoir sollicitée, la pension du roi d'Angleterre de cent livres sterling, ce qui prouve que les manœuvres attribuées à Hume n'avaient point tant affaibli la considération dont il jouissait; mais cette faveur même fut considérée par lui comme une suite du plan machiné contre sa personne, et il ne songea plus qu'à une chose : fuir l'Angleterre et aller mourir ailleurs.

Voici comment il rompit avec M. Davenport,

sans doute par suite de quelque incartade de Thérèse, ou de quelque soupçon de complot. Il lui écrit : « Un maître de maison, Monsieur, est obligé de savoir ce qui se passe dans la sienne, surtout à l'égard des étrangers qu'il y reçoit. Si vous ignorez ce qui se passe dans la vôtre à mon égard, depuis Noël, vous avez tort; si vous le savez et que vous le souffriez, vous avez plus grand tort... Demain, Monsieur, je quitte votre maison... Je regretterai souvent la demeure que je quitte, mais je regretterai beaucoup davantage d'avoir eu un hôte si aimable et de n'avoir pu en faire un ami. » (*Correspondance,* 30 avril 1667.)

Arrivé à Douvres, Rousseau écrit au général Conway, secrétaire général, qui lui avait annoncé sa pension un mois auparavant. Sa lettre prouve un véritable désordre d'esprit, l'exaltation du désespoir et des idées de suicide : « J'ignore avec quel projet j'ai été amené en Angleterre ; il y en a un, cela est certain... Je vois l'effet; la cause m'est cachée, et je me suis tourmenté vainement pour la pénétrer... Ma diffamation est telle en Angleterre que rien ne peut l'y relever de mon vivant... Vous concevez, Monsieur, que cette ignominie, intolérable au cœur d'un homme d'honneur, rend au mien le séjour de l'Angleterre intolérable. Mais on ne veut pas que j'en sorte; je le sens, j'en ai mille preuves, et cet arrangement est très-naturel. On ne doit pas me laisser aller publier au dehors les outrages que j'ai reçus dans l'île, ni la captivité dans laquelle j'ai vécu; on ne veut pas non plus que mes *Mémoires* passent dans le continent et aillent instruire une autre génération des maux que m'a fait souffrir celle-ci... Je veux sortir, Monsieur, de l'Angleterre ou de la vie, et je sens que je n'ai pas le choix. Les manœuvres sinistres que je vois m'annoncent le sort qui m'attend, si je feins seulement de m'embarquer. J'y suis déterminé pourtant, parce que toutes les horreurs de la mort n'ont rien de comparable à celles qui m'environnent. Objet de la risée et de l'exécration publique, je ne me vois environné que de signes affreux qui m'annoncent ma destinée. C'est trop souffrir, Monsieur, et toute interdiction de correspondance m'annonce assez que, sitôt que l'argent qui me reste sera dépensé, je n'ai plus qu'à mourir. Dans ma situation, ce sera un soulagement pour moi, et c'est le seul désormais qui me reste. »

Rousseau continue en s'engageant, sur sa foi et son honneur, à ne pas écrire sa vie et ses *Mémoires* (il avait composé à Wootton les six premiers livres de ses *Confessions*), à ne jamais parler de Hume, à ne plus jamais écrire quoi que ce soit;

à donner de ces déclarations une formule écrite et solennelle qu'il signera ; enfin à recevoir avec respect et reconnaissance la pension du Roi, ce qui serait le lien, la sanction suprême de son engagement. Il termine en disant : « Je vois mon *heure extrême* qui se prépare ; je suis résolu, s'il le faut, de l'aller chercher, et de périr ou d'être libre : il n'y a pas de milieu. » (*Correspondance*, mai 1767.)

Ce désordre d'idées, cette exaltation sans cause réelle, ces accès de désespoir ne sont-ils pas les symptômes d'un véritable égarement d'esprit? Voilà où en était arrivé Rousseau après seize mois de séjour en Angleterre. C'est à Douvres qu'il écrivait cette lettre incohérente au général Conway. Il était parti si précipitamment qu'il avait laissé derrière lui tous ses bagages. Le départ du bateau était retardé par les vents contraires ; cela lui fit croire qu'on voulait le retenir de force, et sa lettre prouve qu'il avait cette pensée. Il paraît qu'à un moment, il monta sur une petite élévation, et se mit à haranguer la foule sans penser que personne ne pouvait le comprendre. En racontant plus tard ce fait à un de ses amis, Rousseau avouait qu'il avait eu une véritable attaque de *folie*.

Le 22 mai 1767, Rousseau débarque à Calais.

Il avait l'idée d'aller se réfugier à Venise, et il fait part de ce projet au marquis de Mirabeau, l'*ami des hommes,* lequel tout d'abord le reçoit à sa maison de campagne de Fleury. Les offres et les avances du marquis pour l'écrivain paraissent avoir été plus intéressées qu'humanitaires; il semble avoir voulu pousser Rousseau à prendre la plume pour soutenir son système économique, qui trouvait des contradicteurs. L'auteur du *Contrat social* lui paraissait une bonne recrue à faire en faveur de ses idées; mais Rousseau y opposa une résistance formelle, et le quitta pour aller s'installer au château de Trye, non loin de Gisors, que le prince de Conti avait mis à sa disposition; il s'y cacha sous le nom de Renou.

III

Rousseau n'est pas longtemps tranquille au château de Trye. C'était sans doute encore la faute de Thérèse, qui ne savait vivre avec personne et suscitait partout des démêlés affligeants. Au bout d'un mois, il se plaint d'être maltraité par tous les habitants, et fait prier le prince d'agréer qu'il sorte de chez lui. Encore une fois, il avait été au-devant de la servitude. « Ce qu'il faut fuir n'est pas la campagne, mais la maison des grands et des princes... Mon malheur est d'habiter dans un château, et non pas sous un toit de chaume, chez autrui et non pas chez moi. » (*Lettre au marquis de Mirabeau*, 22 août 1767.) C'est bien dit : mais pourquoi toujours se laisser prendre à l'amorce?

Il sent encore ses ennemis à ses trousses : « On a suscité contre moi toute la maison du prince, les prêtres, les paysans, tout le pays... Où aller? Où me réfugier? Où trouver un plus sûr abri contre mes ennemis? Où ne m'atteindront-ils pas, s'ils m'atteignent ici même? On veut absolument m'attirer à Paris; pourquoi? Je vous le laisse à deviner. La partie sans doute est liée; on veut ma perte, on veut ma vie, pour se délivrer de ma garde une fois pour toutes. Il est impossible de donner à ce qui se passe une autre explication. Ainsi rien ne pourra me tirer d'ici que la force ouverte. Outrages, ignominie, mauvais traitements, j'endurerai tout, et je me suis déterminé d'y périr. » (*Correspondance,* 8 septembre 1767).

Rousseau reste donc, malgré tout, au château de Trye, dont il s'est fait une sorte de prison. « Je suis livré seul et sans ressource à ma constance et à mes persécuteurs. » (3 mars 1768.) Mais trois mois après il n'y peut plus tenir, et il écrit au prince de Conti : « Monseigneur, ceux qui composent votre maison (et je n'excepte personne) sont peu faits pour me connaître; soit qu'ils me prennent pour un espion, soit qu'ils me croient honnête homme, tous doivent également craindre mes regards. Aussi, Monseigneur, ils n'ont rien épargné, ils n'épargneront rien, chacun par les manœuvres qui leur conviennent, pour me rendre haïssable et méprisable à tous les yeux, et pour me forcer de sortir de votre château. En cela je veux et je dois leur complaire. Les grâces dont m'a comblé Votre Altesse Sérénissime suffisent pour me consoler de tous les malheurs qui m'attendent en sortant de cet asile, où la gloire et l'opprobre ont partagé mon séjour. Ma vie et mon cœur sont à vous, mais mon honneur est à moi. Permettez que j'obéisse à sa voix qui crie, et que je sorte dès demain de chez vous; j'ose dire que vous le devez. Ne laissez pas un coquin de mon espèce parmi ces honnêtes gens. » (*Correspondance*, juin 1768.)

C'est un nouvel exode : Rousseau est condamné à errer jusqu'à son dernier jour. Il se rend à Lyon, puis à Grenoble et à Chambéry. Quels projets sinistres roulaient dans sa tête? On ne sait. Il écrivait à Thérèse, qu'il traite alors de sœur et d'amie : « Si vous ne recevez pas dans huit jours de mes nouvelles, n'en attendez plus et disposez de vous... Depuis mon départ de Trye, j'ai des preuves de jour en jour plus certaines que l'œil vigilant de la malveillance ne me quitte pas d'un pas et m'attend principalement sur la frontière. » (*Correspondance*, 25 juillet 1768.)

L'âme de Rousseau devient de plus en plus sombre. Il ne sait plus où reposer sa tête, et c'est un cruel moment dans sa vie que cette incertitude de son sort. Le 21 août, il est à Grenoble, et il écrit à M. Servan : « Ne pensez pas que je conserve le fol espoir de trouver un asile paisible, où je sois à l'abri des piéges secrets, des insultes et des affronts. Non, je n'attends plus ni équité ni commisération de personne... J'irai sans cesse errant d'un lieu à l'autre, jusqu'à ce que je trouve des hommes (s'il en est encore) qui portent respect à l'adversité, ou qui n'insultent pas du moins à l'infortune... Quand mes dernières ressources seront épuisées, j'irai mendiant mon pain, et mourrai sans regret quand je n'en trouverai plus. »

Il peut paraitre étrange que Rousseau ait choisi ce moment critique de sa vie pour légitimer, jusqu'à un certain point, son union avec Thérèse Levasseur. Nous disons jusqu'à un certain point, parce que Rousseau se dispensa des formalités légales, en gardant même son nom d'emprunt, celui de Renou ; il n'y eut aucune cérémonie, ni civile, ni religieuse ; l'homme de la nature ne s'y croyait pas astreint. « Cet honnête et saint engagement, dit-il, a été contracté dans toute sa simplicité, mais aussi dans toute la vérité de la nature, en présence de deux hommes de mérite et d'honneur. » Nous pourrions dire que la nature y avait passé depuis longtemps, et qu'elle n'avait plus rien à y voir, puisque Rousseau avait déclaré que sa compagne n'était plus pour lui qu'une sœur. Mais l'intention était bonne, et il n'est jamais trop tard pour mettre la nature d'accord avec la morale. Il est seulement fâcheux que l'objet de cette réhabilitation en ait été si peu digne. Mais Rousseau, qui avait des vues si élevées en bien des matières, ne vit jamais clair dans son intérieur. Le 31 août 1768, il écrit à M. Laliaud : « J'ai le plaisir d'avoir ici la compagne de mes infortunes. Voyant qu'à tout prix elle voulait suivre ma destinée, j'ai fait en sorte au moins qu'elle pût la suivre avec honneur. J'ai cru ne rien risquer de rendre indissoluble un attachement de vingt-cinq ans. » Nous pouvons supposer que Rousseau, pensant à sa mort prochaine, voulut donner à Thérèse des droits qu'elle n'eût pas eus autrement. Le sentiment est bon, quoique bien tardif.

Cela se passa à Bourgoin, où Roussseau s'était arrêté. Il y resta six mois, toujours incertain du refuge définitif où il voulait s'ensevelir. Trouvant ce lieu malsain, il alla s'établir à une demi-lieue de là, sur les hauteurs, dans le vieux château de Monquin, appartenant à M. de Cesarges ; il y résida depuis le 14 février 1769 jusqu'au milieu de l'année 1770, époque où il revint à Paris. Il était toujours sous le coup de cette idée fixe, persistante, invétérée, qu'il était à la merci de ses ennemis, qui ne voulaient lui laisser ni trêve ni repos : c'était bien là le caractère permanent et dominant de sa *folie*. Se retirer en Orient, à Chypre ou en Grèce, fut un moment son projet ; il pensa aussi aux Cévennes, à Mahon, et même à un retour en Angleterre, d'où il était sorti avec tant d'indignation. Mais comment fuir un ennemi qu'on a en soi-même?

> Je l'évite partout; partout il me poursuit!
>
> RACINE.

« Ils se gardent bien, écrit Rousseau, de laisser voir leurs desseins secrets, pour dresser d'avance leurs batteries dans le lieu que je dois habiter. » (*Corresp.*, 23 oct. 1768.) Le mois suivant, il y revient encore : « Plus je regarde autour de moi, plus je vois avec certitude qu'il se brasse quelque chose, sans que je puisse deviner quoi. » (7 nov. 1768.) — Rien ne peut l'arracher à cette influence morbide. Le 4 février 1769, il écrit à M. Laliaud : « Vous m'avez dit quelquefois que je faisais du noir; l'expression n'est pas juste; ce n'est pas moi qui fais du noir, mais c'est moi qu'on en barbouille... J'attends sans alarmes l'explosion qu'ils comptent faire après ma mort sur ma mémoire, semblables aux vils corbeaux qui s'acharnent sur les cadavres. »

Que se passa-t-il à Monquin entre Rousseau et Thérèse? Il paraît qu'elle voulut le quitter, et que Rousseau lui donna toute liberté de le faire. Quant à la cause qui faillit amener cette rupture, elle est assez curieuse, comme on va pouvoir en juger par une lettre pleine de tristesse que Rousseau lui écrivait à cette occasion, le 12 août 1769 ; il est question d'une séparation imminente. « Ma chère amie, non-seulement vous avez cessé de vous plaire avec moi, mais il faut que vous preniez beaucoup sur vous pour y rester quelques moments par complaisance. Vous êtes à votre aise avec tout le monde, hors avec moi ; tous ceux qui vous entourent sont dans vos secrets, excepté moi, et votre ami véritable est le seul exclu de votre confidence. Je ne vous parle point de beaucoup d'autres choses. Il faut prendre vos amis avec leurs défauts, et je dois vous passer les vôtres comme vous me passez les miens. Si vous étiez heureuse avec moi, je serais content ; mais je vois clairement que vous ne l'êtes pas, et voilà ce qui me déchire. Si je pouvais faire mieux pour y contribuer, je le ferais et je me tairais ; mais cela n'est pas possible... En nous unissant, j'ai fait mes conditions ; vous y avez consenti ; je les ai remplies. Il n'y avait qu'un tendre attachement de votre part qui pût m'engager à les passer et à n'écouter que votre amour, *au péril de ma vie et de ma santé*. Convenez, ma chère, que vous éloigner de moi n'est pas le moyen de me rapprocher de vous ; c'était pourtant mon intention, je vous le jure ;

mais votre refroidissement m'a retenu, et les agaceries ne suffisent pas pour m'attirer lorsque le cœur me repousse... Je n'aurais jamais songé à m'éloigner de vous si vous n'eussiez été la première à m'en faire la proposition... En ce moment même où je vous écris, je n'ai pas de désir plus vif et plus vrai que celui de finir mes jours avec vous dans l'union la plus parfaite, et de n'avoir plus qu'un lit lorsque nous n'aurons plus qu'une âme... Dans l'état présent des choses, il est impossible que nous trouvions notre bonheur l'un avec l'autre ; je ne puis rien changer en moi, et j'ai peur que tu ne puisses rien changer en toi non plus. Je te laisse parfaitement libre de choisir ton asile et d'en changer sitôt que cela te conviendra. »

Il ressort clairement de cette lettre que Thérèse s'était désaffectionnée de Rousseau ; que celui-ci, atteint d'une double maladie, se sentait impropre à remplir certains devoirs; qu'il y allait de sa santé et de sa vie. Thérèse, au contraire, souffrait de la privation, et ses agaceries n'amenaient pas de résultat; elle songea donc à aller chercher fortune ailleurs, car il ne lui suffisait pas, comme à Rousseau, de faire de la botanique en allant admirer le lever et le coucher du soleil. Cela présageait mal pour l'avenir, et ne doit pas nous étonner de la part de celle qui, plus tard, se jeta dans les bras d'un palefrenier. Elle resta pourtant, nous ne savons trop à quelle condition; mais de telles scènes d'intérieur n'étaient pas faites pour rendre à Rousseau la sérénité de l'âme. Il n'avait plus d'autre passion que la botanique, mais sans que cela pût dissiper ses préoccupations habituelles, celles de la conjuration de ses invisibles ennemis. On en voit la preuve dans la manie qu'il eut, à partir du 19 février 1770, de mettre en tête de chacune de ses lettres le quatrain suivant :

Pauvres aveugles que nous sommes !
Ciel, démasque les imposteurs,
Et force leurs barbares cœurs
A s'ouvrir aux regards des hommes.

Pourtant, il faut le dire, Rousseau croyait alors avoir percé le mystère de cette fameuse conjuration, et il en attribue la direction à M. de Choiseul, qui était encore ministre à ce moment-là. Un passage du *Contrat social* avait paru dirigé contre lui. Averti de cette interprétation, Rousseau lui avait écrit pour se justifier (1768), et après de grands éloges adressés au ministre, il disait : « Je défie toute âme vivante de m'avoir jamais ouï parler de vous et de votre administration qu'avec le plus grand honneur. » Choiseul ne fut-il pas persuadé par ces protestations ? C'est possible; mais qu'il se soit appliqué dès lors à la perte de l'écrivain, c'est ce qui paraît peu vraisemblable. Pourtant celui-ci l'accuse formellement dans une lettre du 26 février 1770, adressée à M. de Saint-Germain, un des rares amis qui lui restaient encore. Elle est curieuse en ce sens qu'elle énumère et résume tous les griefs dont il croyait avoir à se plaindre, et qu'elle peint bien le bouleversement de son esprit.

« Quels sont mes torts envers M. de Choiseul? Un seul, mais grand, celui d'avoir pu l'estimer. Dans ma retraite, je ne connaissais de lui que son ministère. Son *Pacte de famille* me prévint en faveur de ses talents... Jugeant du reste par ce qui m'était connu, je lui donnai des louanges qu'il méritait trop peu pour les prendre au pied de la lettre. Il se crut insulté : de là sa haine et tous mes malheurs... Pour mieux assouvir sa vengeance, il n'a voulu ni ma mort, qui finissait mes malheurs, ni ma captivité, qui m'eût du moins donné le repos... Il s'est appliqué à me travestir en monstre effroyable; il a concerté dans le secret l'œuvre de ma diffamation; il m'a fait enlacer de toutes parts par ses satellites; il m'a fait traîner par eux dans la fange, il m'a rendu la fable du peuple et le jouet de la canaille. Pour m'accabler encore mieux de la haine publique, il a pris soin de la faire sortir par les moqueuses caresses des fourbes dont il me faisait entourer; et, pour dernier raffinement, il a fait en sorte que partout les égards et les attentions paraissent me suivre, afin que quand, trop sensible aux outrages, j'exhalerais quelque plainte, j'eusse l'air d'un homme qui n'est pas à son aise avec lui-même, et qui se plaint des autres parce qu'il est mécontent de lui. Pour m'isoler et m'ôter tout appui, les moyens étaient simples. Tout cède à la puissance, et presque tout à l'intrigue. On connaissait mes amis, on a travaillé sur eux : aucun n'a résisté. On a éventé par la poste toutes les correspondances que je pouvais avoir... Parmi les objets de tant de vigilance, mes papiers n'ont pas été oubliés. J'ai confié tous ceux que j'avais en des mains amies, ou que je crus telles : tous sont à la merci de mes ennemis... Parvenu à ce point, tout le reste va de lui-même et sans la moindre difficulté. Les gens chargés de disposer de moi ne trouvent plus d'obstacles. Les essaims d'espions malveillants et vigilants dont je suis entouré savent comment ils ont à faire leur cour. S'il y a du bien, ils se gardent de le dire ou prendront grand soin de le travestir. S'il y a du mal, ils l'aggraveront; s'il n'y en a pas, ils l'inventeront. Dès qu'il est convenu que je suis un homme noir, c'est à qui me controuvera le plus de crimes. Dès qu'il s'agit de m'imputer des forfaits, je vous réponds que ce bon M. de Choiseul sera coulant sur les preuves... Les passions qui portent au crime sont analogues à leurs noirs effets; où furent les miennes? Je n'ai connu jamais les passions haineuses; jamais l'envie, la méchanceté, la vengeance n'entrèrent dans mon cœur. Je suis bouillant, emporté, quelquefois colère; jamais fourbe ni rancunier; et quand je cesse d'aimer quelqu'un, cela s'aperçoit bien vite. Je hais l'ennemi qui veut me nuire; mais sitôt que je ne le crains plus, je ne le hais plus. Que Diderot, que Grimm surtout, le plus caché, le plus ardent, le plus implacable, celui qui m'attira tous les autres, dise pourquoi il me hait. Est-ce pour le mal qu'il a reçu de moi? non; c'est pour celui qu'il m'a fait, car souvent l'offensé pardonne, mais l'offenseur ne pardonne jamais... Madame la comtesse de Boufflers me hait, et en femme : c'est tout dire... Madame la maréchale de Luxembourg me hait. Elle a raison : j'ai commis envers elle des balourdises, bien innocentes assurément dans mon cœur, bien involontaires, mais que jamais femme ne pardonne... Ajoutez à cette courte liste M. de Choiseul, dont j'ai déjà parlé, et qui malheureusement à lui seul en vaut mille; le docteur Tronchin, avec qui je n'eus d'autre tort que d'être Génevois comme lui, et d'avoir autant de célébrité, quoique j'eusse gagné moins d'argent; enfin le baron d'Holbach, aux avances duquel j'ai résisté longtemps, par la seule raison qu'il était trop riche... Trouvez-vous là quelque méchanceté dans le pauvre Jean-Jacques? Voilà pourtant les seuls ennemis personnels que j'aie eus jamais...

« Mais quels sont enfin ces forfaits dont je me suis avisé si tard de souiller ma réputation?... Oh! c'est ici le mystère profond qu'il ne faut jamais que je sache, et qui ne doit être ouvertement publié qu'après ma mort, quoiqu'on fasse en sorte, pendant ma vie, que tout le monde en soit instruit hors moi seul. Pour me forcer, en attendant, de boire la coupe de l'ignominie, on aura soin de la faire circuler sans cesse autour de moi dans l'obscurité, de la faire dégoutter, ruisseler sur ma tête, afin qu'elle m'abreuve, m'inonde, me suffoque, mais sans qu'*aucun trait de lumière l'offre jamais à ma vue et me laisse discerner ce qu'elle contient*... Non! je ne serai point accusé, point arrêté, point jugé, point puni en apparence; mais on s'attachera, sans qu'il y paraisse, à me rendre la vie odieuse, insupportable, pire cent fois que la mort; on me fera garder à vue; je ne ferai pas un pas sans être suivi; on m'ôtera tous les moyens de rien savoir et de ce qui me regarde et de ce qui ne me regarde pas; les nouvelles publiques les plus indifférentes, les gazettes même me seront interdites; on ne laissera courir mes lettres et paquets que pour ceux qui me trahissent; on coupera ma correspondance avec tout autre; la réponse à toutes mes questions sera toujours qu'on ne sait pas; tout se taira dans toute assemblée à mon arrivée; les femmes n'auront plus de langue, les barbiers seront discrets et silencieux... Si je voyage, on préparera tout d'avance pour disposer de moi partout où je veux aller; on me consignera aux cochers, aux passagers, aux cabaretiers... On aura soin de répandre une telle horreur de moi sur ma route, qu'à chaque pas que je ferai, mon âme soit déchirée; ce qui n'empêchera pas que, traité comme Sancho, je ne reçoive partout cent courbettes moqueuses, avec autant de compliments de respect et d'admiration. Ce sont de ces politesses de tigres, qui semblent nous sourire au moment qu'ils vont nous dévorer... En vérité, Monsieur, plus je médite sur cette étrange conduite, plus j'y trouve une complication de lâcheté, d'iniquité, de fourberie, qui la rend inimaginable. Ce qui me passe encore plus, c'est que tout cela paraît se faire de l'aveu de la nation entière; que non-seulement mes prétendus amis, mais d'honnêtes gens réellement estimables, y paraissent acquiescer, et que

M. de Saint-Germain lui-même ne m'en paraît pas assez scandalisé... Quoique ma pénétration, naturellement très-mousse, mais *aiguisée à force de s'exercer dans les ténèbres,* me fasse *deviner* assez juste des multitudes de choses qu'on s'applique à me cacher, ce noir mystère est encore enveloppé pour moi *d'un voile impénétrable;* mais à force d'indices combinés, comparés; à force de demi-mots échappés et saisis à la volée; à force de souvenirs effacés qui par hasard me reviennent, je présume Grimm et Diderot les premiers auteurs de la trame. Je leur ai vu commencer il y a *plus de dix-huit ans* des menées auxquelles je ne comprenais rien, mais que je voyais certainement couvrir quelque mystère... Les holbachiens, qui croyaient m'avoir coulé à fond, furieux de me voir bien au château de Montmorency et chez M. le prince de Conti, firent jouer leurs machines par d'Alembert, et profitant des piques secrètes dont j'ai parlé, firent passer, par le Temple, leur complot à l'hôtel de Luxembourg. Il est aisé d'imaginer comment M. de Choiseul s'associa pour cette affaire particulière avec la *ligue,* et s'en fit le chef; ce qui rendit dès lors le succès immanquable, au moyen des manœuvres souterraines dont Grimm avait *probablement* fourni le plan. Ce complot a pu se tramer de toute autre manière; mais voilà celle où les indices, dans ce que j'ai vu, se rapportent le mieux. Il fallait, avant de rien tenter du côté du public, m'éloigner au préalable, sans quoi le complot risquait à chaque instant d'être découvert et son auteur confondu. L'*Émile* en fournit les moyens, et l'on disposa tout pour m'effrayer par un décret comminatoire, auquel on ne voulait cependant venir que quand j'aurais pris le parti de fuir... Il paraît que dès lors le projet était arrangé entre madame de Boufflers et M. Hume pour disposer de moi. Elle n'épargna rien pour m'envoyer en Angleterre... On me tendit tant de piéges à Strasbourg qu'enfin j'y tombai, me laissai livrer à Hume, et partis avec lui pour ce pays, où j'étais attendu depuis longtemps. Dès ce moment, ils m'ont tenu, je ne leur échapperai plus... Enfin ce complot, conduit avec tant d'art et de mystère, est en pleine exécution. Que dis-je? il est déjà consommé; me voilà devenu le mépris, la dérision, l'horreur de cette même nation dont j'avais, il y a dix ans, l'estime, la bienveillance, j'oserais dire la considération; et ce changement prodigieux, quoique opéré sur un homme du peuple, sera pourtant la plus grande œuvre du ministère de M. de Choiseul, celle qu'il a eue le plus à cœur, celle à laquelle il a consacré le plus de temps et de soin... Rien n'a été omis pour l'exécution de cette noble entreprise, toute la puissance d'un grand royaume, tous les talents d'un ministre intrigant, toutes les ruses de ses satellites, toute la vigilance de ses espions, la plume des auteurs, la langue des clabaudeurs, la séduction de mes amis, l'encouragement de mes ennemis, les malignes recherches sur ma vie pour la souiller, sur mes propos pour les empoisonner, sur mes écrits pour les falsifier ; l'art de dénaturer, si facile à la puissance, celui de me rendre odieux à tous les ordres, de me diffamer dans tous les pays... Enfin nulle attention n'a été omise pour me défigurer de tout point, jusqu'à celle qu'on n'imaginerait pas, de faire disparaître les portraits de moi qui me ressemblent, et d'en répandre un à très-grand bruit, qui me donne un air farouche et une mine de cyclope. A ce gracieux portrait, on a mis pour pendant celui de David Hume, qui réellement a la tête d'un cyclope et à qui l'on donne un air charmant. Comme ils peignent nos figures, ainsi peignent-ils nos âmes avec la même fidélité. En un mot, les détails qu'embrasse l'exécution sont immenses, inconcevables... Si M. de Choiseul eût employé à bien gouverner l'État la moitié du temps, des talents, de l'argent et des soins qu'il a mis à satisfaire sa haine, il eût été l'un des plus grands ministres qu'ait eus la France... Monsieur, j'ai vécu; je ne vois plus rien, même dans l'ordre des possibles, qui pût me donner encore sur la terre un moment de vrai plaisir. On m'offrirait ici-bas le choix de ce que j'y veux être, que je répondrais : *Mort!...* »

Cette lettre est fort longue, et nous n'en avons cité que les passages les plus saillants. Mais elle a une importance capitale, en ce sens qu'elle reproduit tous les griefs de Rousseau et les expose depuis leur origine. De plus, elle est vraiment éloquente, *ex abundantia cordis*. On voit combien Rousseau est pénétré de ce qu'il dit, combien il est sincère, et avec quelle justesse il raisonne tout en déraisonnant. Il ne prouve rien, il n'articule aucun fait tangible, et pourtant il disserte avec finesse sur ses malheurs imaginaires. On a vu souvent des fous doués de cette déraison lucide, rattachant tout à un principe avec les déductions les plus logiques, et faisant presque éprouver le vertige dont ils sont atteints eux-mêmes. Que Rousseau ait cruellement souffert de cette obsession qui dura de longues années, on ne peut le nier. Il était en proie à ce vague effrayant, à ces sombres perspectives d'hallucinations que peint si bien sa lettre ; pour lui, le fantôme est devenu réalité ; il en est hanté ; il sent qu'il est conduit à un abîme, et pour y échapper il ne voit plus que la mort. Situation cruelle, navrante, dont cette lettre peint si bien tous les aspects divers[1].

Faut-il réfuter certaines allégations contenues dans cette lettre et en faire voir l'inanité? Ce serait une discussion oiseuse. Rousseau a pu être l'objet de la jalousie, de la malveillance; mais ce complot si bien ourdi, si compliqué, si profond, si machiavélique, n'a existé que dans son cerveau enfiévré. On peut s'étonner à bon droit de sa sortie contre madame de Boufflers et la maréchale de Luxembourg. La première lui avait rendu de grands services, qu'il n'aurait pas dû oublier. Il fut en adoration devant elle, quoiqu'il prétende que les avances ne vinrent pas de lui; pourtant ce fut à cause d'elle que le prince de Conti, son amant, protégea Rousseau envers et contre tous, et lui donna asile dans ses moments de détresse. Quant à M. de Choiseul, qui aurait conduit toute

[1] Nous relevons dans le *Traité sur l'aliénation mentale* du docteur Pinel les passages suivants, qui se rapportent bien à l'état maladif de J. J. Rousseau. Au chapitre qui a pour titre : *Mélancolie, ou délire exclusif sur un objet,* il dit (p. 137) : « Air rêveur et taciturne, soupçons ombrageux, recherche de la solitude : tels sont les traits qui servent à caractériser certains hommes dans la société. Ils ne sont que trop habiles à faire leur propre tourment et celui de tout ce qui les approche, par leurs ombrages et leurs soupçons chimériques. (P. 140.) — Les aliénés de cette espèce sont quelquefois dominés par une idée exclusive qu'ils rappellent sans cesse dans leurs propos, et qui semble absorber toutes leurs facultés. (P. 149.) — L'aigreur de caractère peut être portée jusqu'au dernier degré de misanthropie, quelquefois au dégoût extrême de la vie. »

la cabale et employé contre Rousseau tous les moyens dont pouvait disposer sa puissance, il n'est pas besoin de démontrer l'absurdité de telles suppositions; leur exagération même en prouve la fausseté. Ajoutons que Rousseau se montre véritablement ingrat envers madame de Luxembourg, en l'accusant de le haïr; elle lui avait donné à Montmorency une hospitalité généreuse; elle l'avait protégé de tout son pouvoir à l'apparition de l'*Émile;* il lui a écrit de nombreuses lettres où il témoigne autant d'attachement que de reconnaissance, et cette femme aurait fini par le haïr! Pourquoi? Parce que Rousseau, qui ne savait pas vivre, avait commis en sa présence des *balourdises*. Mais il en avait fait dès le début de leurs relations, et cela n'avait pas empêché la maréchale de s'attacher à lui, parce que, en femme d'esprit qu'elle était, elle honorait et estimait le génie de l'écrivain. Dans son désespoir, il pousse jusqu'à l'injustice ses récriminations, et le malheur le conduit à l'ingratitude. Nous trouvons dans tout cela un cas pathologique qui appartient à la médecine aliéniste, et dont il est bon de chercher la cause déterminante.

Cette cause nous paraît être un immense orgueil. Nous ne voulons abaisser ici ni l'homme ni l'écrivain, tout en mettant l'écrivain au-dessus de l'homme, car la vertu de Rousseau est plutôt dans son imagination que dans ses actes : il prêche mieux de parole que d'exemple. Son talent et ses succès comme écrivain lui avaient donné une haute idée de sa valeur personnelle; bien justifiée, dira-t-on; oui, mais à condition que cette idée n'eût pas, comme une liqueur capiteuse, enivré son esprit jusqu'à lui faire perdre la raison. Or l'orgueil de Rousseau en était arrivé là. Cela ne ressort-il pas de la lettre que nous venons de citer? A ses yeux, l'univers est ligué contre lui; sa gloire est compromise; son nom est destiné à l'opprobre. Ses ennemis sont tout-puissants; le premier ministre de France n'a d'autre occupation que de conjurer sa perte. N'y a-t-il point là une sorte de *delirium tremens* produit par l'enivrement de l'orgueil? L'étude de ses *Dialogues* nous fournira bientôt de nouvelles preuves à l'appui de cette assertion.

Le séjour de Rousseau à Monquin se termina, comme partout, par un esclandre qui ne peut être attribué qu'à la conduite peu estimable de Thérèse. La lettre suivante, que Rousseau adressa à son hôte, M. de Cesarges, indique la manière dont se fit la rupture : « Je n'apprends pas sans surprise la tranquillité avec laquelle vous avez souffert, en mon absence, les outrages atroces que ma femme a reçus du bandit en cotillon auquel madame de Cesarges a jugé à propos de nous livrer, après nous avoir ôté les gens qu'elle nous avait tant vantés elle-même, et avec qui nous vivions en paix. »

Bientôt après, Rousseau quitte ce séjour, qu'il habitait depuis plus d'une année. Au mois de juin 1770, il est à Lyon, et au mois de juillet à Paris, où il passe les huit dernières années de son existence. Il y retrouve sa vie d'autrefois, et en paraît tout heureux. Il écrit à M. de Saint-Germain le 14 août 1770 : « Me voici à Paris, Monsieur. Depuis trois semaines, j'y ai repris mon ancienne habitation, j'y revois mes anciennes connaissances, j'y suis mon ancienne manière de vivre, j'y exerce mon ancien métier de copiste, et jusqu'à présent, je m'y retrouve à peu près dans la même situation où j'étais avant de partir. »

Ce retour parut rasséréner un peu son esprit, car en tête de plusieurs de ses lettres, il place cette devise : *Post tenebras lux*. Pourtant il voit peu de monde ; il refuse les invitations, il cherche plus que jamais le silence et la solitude. Parfois il retombe dans les préoccupations du fameux complot, qui, pour lui, est toujours une réalité. Il va même jusqu'à y englober comme complice le marquis de Mirabeau. « M. de Mirabeau, m'ayant écrit à Wootton pour m'offrir un asile en France, prit un ton si bizarre et se servit de tournures si singulières, qu'il me fallait toute la sécurité de l'innocence et toute ma confiance en ses avances d'amitié pour n'être pas choqué d'un pareil langage. J'y fis pour lors si peu d'attention que je n'en vins pas moins en France à son invitation ; mais j'y trouvai un tel changement par rapport à moi, et une telle impossibilité d'en découvrir la cause, que ma tête, déjà *altérée* par l'air sombre de l'Angleterre, *s'affectait davantage de plus en plus.* » A cette époque, il avait cru remarquer qu'on lui avait soustrait une série de lettres parmi les papiers qu'il avait laissés en dépôt chez le maréchal de Luxembourg. Pour lui, ce vol, vrai ou supposé, entrait dans le plan de la grande conspiration, et il l'attribua à d'Alembert, qui avait ses entrées chez la maréchale. « Ma tête *s'affecta,* dit-il, de tant d'effrayants mystères, dont on s'efforçait d'augmenter l'horreur par l'obscurité... Quand on aurait formé le projet de me rendre *tout à fait frénétique,* on n'aurait pas pu mieux s'y prendre..... J'y trouvai la clef de tous les mystères qui m'environnaient. »

Toujours en proie à ces fatales impressions, il se concentre de plus en plus en lui-même et se détache de ses anciennes amitiés. Il rompt avec madame Latour, celle qu'il appelait sa chère Marianne, quoiqu'il ne l'eût vue qu'une seule fois en sa vie. Depuis longtemps il entretenait avec elle une correspondance où il mit souvent de la grâce et une sorte de coquetterie. Il a fini par croire que madame Latour était dans le camp ennemi. C'était d'autant plus injuste que madame Latour, née de Franqueville, avait toujours été grande admiratrice de Rousseau, et avait pris sa défense par écrit dans sa querelle avec Hume. La passion de madame Latour pour l'écrivain naquit à la lecture de son *Héloïse*. Malheureuse en ménage, elle fut séparée de son mari, qui avait dissipé une partie de sa fortune. Elle était belle, spirituelle et un peu romanesque. Elle voulut connaître l'auteur de l'*Héloïse,* et lui écrivit sous le nom de Julie, tandis qu'une de ses amies, d'après un plan concerté entre elles, écrivait sous le nom de Claire. Rousseau n'accueillait pas volontiers ces correspondances nouvelles, où il était porté à voir un piége. Madame Latour réussit pourtant à faire accepter la sienne, tant elle y mit d'esprit et d'adresse, mais en restant inconnue à son idole. Claire, moins heureuse ou moins fine, reçut un jour une réponse un peu brutale, qui la mit en fureur. Elle écrit alors à son amie (15 juillet 1762) : « Je ne puis t'exprimer ni bien comprendre tout

6

ce que m'inspire la lettre de ton ours. Si je n'y avais remarqué que du caprice, cela ne me surprendrait pas; mais je trouve de l'inconséquence, de la fausseté, de l'impertinence. Je me suis donné trois fiers coups de poing sur la poitrine, du commerce que je me suis avisée de lier entre vous. Socrate disait qu'il se mirait quand il voulait voir un fou. Donnons cette recette à notre animal, pour lui épargner la peine de quitter son antre quand il aura pareille curiosité. Mon mari prétend qu'il faut enterrer Jean-Jacques auprès de son chien; je trouve, moi, qu'il lui fait encore trop d'honneur. »

Malgré cette boutade de son amie, madame Latour continua d'écrire à Rousseau, sans se laisser décourager par ses reproches, ses brusqueries, ou même son silence, et elle obtenait de temps en temps de charmantes réponses. A son retour à Paris, Rousseau fut moins aimable, et les soupçons qui l'obsédaient n'épargnèrent pas cette dévouée et zélée correspondante. Il lui écrivit le 14 avril 1771, pour lui signifier son congé assez durement : « Je n'ai eu l'honneur de vous voir, Madame, qu'une seule fois en ma vie; j'ai eu souvent celui de vous répondre... Vous avez pris ma défense contre les trames de mes persécuteurs durant mon séjour en Angleterre : cette générosité m'a transporté; vous avez dû voir combien j'y étais sensible. Depuis lors, ma situation se dévoilant davantage à mes yeux, j'ai trouvé qu'avec autant de franchise et même d'étourderie, il ne me convenait pas de rester en commerce avec personne dont je ne connusse bien le caractère et les liaisons. J'ai vu que l'ostentation des services qu'on s'empressait de me rendre n'était souvent qu'un piége plus ou moins adroit pour me circonvenir, ou pour m'exposer au blâme si je l'évitais. De toutes mes correspondantes, vous étiez en même temps la plus exigeante, celle que je connaissais le moins, et celle qui m'éclairait le moins sur les choses qu'il m'importait de savoir, *et que vous n'ignoriez pas*. Cela m'a déterminé à cesser un commerce qui me devenait onéreux, et dont le vrai motif de votre part pouvait m'échapper. J'ai cru que rien n'était plus libre que les liaisons purement épistolaires, et qu'il était toujours permis de les rompre quand elles cessaient de nous convenir..... J'ai voulu, Madame, user avec vous de ce droit avec tous ces ménagements. Vous m'en avez fait un crime exécrable, et, dans votre dernière lettre, vous appelez cela *enfoncer d'une main sûre un fer empoisonné dans le sein de l'amitié*. Sans vous dire, Madame, ce que je pense de cette phrase, je vous dirai seulement que je suis déterminé à n'avoir de mes jours de liaison d'aucune espèce avec quiconque a pu l'employer en pareille occasion. »

A ce congé en règle, madame Latour, aussi peinée que froissée, répondit par un adieu définitif qui parut toucher Rousseau, sans lui enlever pourtant toute défiance. Il lui écrivit (7 juillet 1771) : « Je ne reçois pas votre adieu pour jamais, et je n'ai point songé à vous en faire un semblable. Les temps peuvent changer, et quoi que fassent les hommes, je ne désespérerai jamais de la Providence. Mais en attendant, je crois porter bien plus de respect à nos anciennes relations en les interrompant jusqu'à de plus grandes lumières, que de les entretenir avec une confiance altérée et des réserves indignes de vous et de moi. » Madame Latour était tenace et généreuse dans son amitié pour l'écrivain; elle parvint à le voir deux fois encore et chercha à l'éclairer sur la franchise de ses sentiments; elle n'y parvint pas, car voici les derniers mots qu'il lui adressa : « J'ai réfléchi sur l'entretien où vous m'avez engagé et sur les choses que vous m'y avez dites; le résultat de ces réflexions est de me confirmer pleinement dans la résolution dont je vous ai fait part ci-devant, et à laquelle vous devez, selon moi, ne plus porter d'obstacle, à moins que vous n'ayez pour cela des raisons particulières que je ne sais pas, et auxquelles, par cette raison, je suis dispensé de céder. »

Madame de Franqueville ne garda pas rancune à Rousseau de son injuste défiance; après sa mort, elle continua de défendre sa mémoire contre diverses accusations. Elle mourut dans la misère à l'hôpital de Saint-Mandé. Il est bien peu des enthousiastes de Rousseau qui aient eu la même constance. M. Saint-Marc Girardin, dans son ouvrage sur Rousseau, fait à ce sujet les réflexions suivantes : « Ç'a été le sort de tous les dévots, et encore plus de toutes les dévotes de Rousseau, de finir par le détester ; elles commençaient par le fétichisme, elles aboutissaient à l'antipathie, en voyant que le dieu n'était qu'un homme, et moins qu'un homme. Son génie et son éloquence attiraient à lui tous ceux qui croyaient que derrière l'auteur il y avait un homme, tous ceux surtout qui prenaient au mot les prétentions que Rousseau avait à la vertu et à la sensibilité. Ne nous étonnons pas de l'illusion que faisait Rousseau ; elle est fort naturelle. Comment croire que dans un auteur il n'y a pas un homme, et l'homme que montre l'auteur ? Comment ne pas se laisser aller du roman au romancier ? Les femmes surtout, et cela fait honneur à leur nature, ayant plus besoin d'idéal que les hommes, sont fort disposées à cette duperie involontaire, qui d'une lectrice fait d'abord une complice et ensuite une victime. »

Loin de diminuer, les préoccupations sinistres de Rousseau ne faisaient que s'accroître. Quiconque lui témoignait de l'intérêt était un suppôt de ces ennemis invisibles qui tramaient sa perte. La *monomanie* est palpable. Jusque-là, Duclos était un des rares amis pour lequel il avait conservé de l'estime et de la confiance. Duclos est sacrifié comme les autres, il est dans le complot universel. « Vingt ans d'expérience m'avaient appris quelle droiture et quelle fidélité je pouvais attendre de ceux qui m'entouraient sous le nom d'amis. Frappé surtout de l'insigne duplicité de Duclos, que j'avais estimé au point de lui confier mes *Confessions*, et qui du plus sacré dépôt de l'amitié n'avait fait qu'un instrument d'imposture et de trahison, que pouvais-je attendre des gens qu'on avait mis autour de moi depuis ce temps-là, et dont toutes les manœuvres m'annonçaient si clairement les intentions ? »

Rousseau ne cessait de sentir autour de lui cette conspiration imaginaire; il en voyait partout les indices, dans les lettres qu'on lui adressait, dans les visites qu'on lui faisait, dans les marques d'attention, de dédain ou d'indifférence, dans les yeux, dans les gestes des passants. Que de souffrances pour lui dans cet état psychologique où tout était faussé, où toute réalité apparaissait un mensonge! Un jour, il s'imagine que ses libraires, Guy et la veuve Duchesne, sont devenus complices de ses ennemis. On a répandu le bruit qu'il jouissait de six mille livres de rente, et qu'il s'était fait copiste de musique par grimace! Cela le trouble au point qu'il écrit à M. de Sartines, lieutenant de police, pour le prendre à témoin de tant d'indignités :

« Après de vains efforts pour faire percer quelque rayon de lumière à travers les ténèbres dont on m'environne depuis dix ans, j'y renonce... Grâces au ciel, tout l'art humain ne changera pas la nature des choses ; il ne fera pas que le mensonge devienne la vérité, ni que de mon vivant la poitrine de J.-J. Rousseau renferme le cœur d'un malhonnête homme; cela me suffit, et je vis en paix, en attendant que mon moment et celui de la vérité vienne; car il viendra, j'en suis très-sûr, et je l'attends avec un témoignage qui me dédommage de celui d'autrui... Il n'est peut-être pas inutile d'observer que le sieur Guy vient très-fréquemment chez moi sans avoir rien à me dire, et sans que je puisse trouver aucun motif à ses visites... Tout cela, joint aux bruits dont j'ai parlé, commence à me faire soupçonner que ces fréquentes visites, que je ne prenais que pour un petit espionnage assez commun aux gens qui m'entourent, et très-indifférent pour moi, pourraient bien avoir un objet plus méthodique et dirigé de plus loin. » (15 janvier 1772.)

La maladie mentale de Rousseau s'aggrave, c'est évident, car ses plaintes s'accentuent.

La note vague, mélancolique, résignée, est celle d'une âme blessée par un trait invisible. Il cherche en vain la cause de ce mal à l'extérieur ; elle est au fond de lui-même, dans le désordre de son esprit. Il écrit le 14 août 1772 : « Il est des situations auxquelles il n'est pas permis à un honnête homme d'être préparé, et celle où je me trouve depuis dix ans est la plus inconcevable et la plus étrange dont on puisse avoir l'idée. J'en ai senti l'horreur sans en pouvoir percer les ténèbres. J'ai provoqué les imposteurs et les traîtres par tous les moyens permis et justes qui pouvaient avoir prise sur des cœurs humains : tout a été inutile ; ils ont fait le plongeon, et continuant leurs manœuvres souterraines, ils se sont cachés de moi avec le plus grand soin... J'ai cherché quelqu'un qui eût assez de droiture et de justice pour m'éclairer sur ma situation, ou pour se refuser du moins aux intrigues des fourbes ; j'ai porté partout ma lanterne inutilement, je n'ai point trouvé d'homme ni d'âme humaine... Après mille vains efforts inutiles pour expliquer ce qui m'arrive dans toutes les suppositions, j'ai donc cessé mes recherches, et je me suis dit : — Je vis dans une génération qui m'est inexplicable. La conduite de mes contemporains à mon égard ne permet à ma raison de leur accorder aucune estime. La haine n'entra jamais dans mon cœur. Le mépris est encore un sentiment trop tourmentant. Je ne les estime donc, ni ne les hais, ni ne les méprise : ils sont nuls à mes yeux... »

Il y aurait dans ces paroles un immense orgueil, s'il n'y avait pas de la *folie*. A lui seul, Rousseau représente l'humanité et la vertu : « Moi seul », avait-il dit au début de ses *Confessions*. Jamais on ne vit plus sauvage misanthropie. « Je ne ferais plus de ma vie, disait-il, un seul pas sans nécessité pour rechercher qui que ce soit. »

IV

On a souvent dit que cette haine de la société provenait chez Rousseau de l'orgueil; il en avait sans doute une forte dose. N'a-t-il pas dit qu'il défiait le genre humain de montrer un être meilleur que lui? Mais au point de vue où nous en sommes arrivés, il y a aberration et démence. Tout ce qu'il dit, fait ou écrit, en porte la marque visible. Le présent ne lui importe plus, envahi qu'il est par la désespérance; mais il songe à l'avenir; il a un nom, une réputation qu'il veut sauvegarder, et il fait de grands efforts pour les laisser intacts à la postérité. Tel est le but qu'il voulait atteindre en écrivant les *Dialogues,* ou *Rousseau juge Jean-Jacques.* C'est un de ses plus faibles écrits; il est lourd, indigeste, plein de longueurs et de redites. Il reconnaît lui-même et avoue ces défauts, mais il n'a eu ni la force ni le courage de le refaire, de l'abréger et d'y mettre de l'ordre. Il employa pourtant quatre années à ce travail; il s'y adonnait sans suite, sans entrain, à bâtons rompus. C'est une longue et indigeste apologie de sa conduite, de ses idées, de ses écrits; c'est surtout une réfutation passionnée de tout ce qu'ont pu dire de lui ses adversaires. A propos du fameux et mystérieux complot, il s'escrime à outrance, comme don Quichotte, contre des moulins à vent. Voici le tableau qu'il en fait, au moins par conjecture, car tout cela n'existe qu'en mirage dans son imagination :

« L'art des moteurs de toute la trame a été de ne pas la dévoiler également à tous les yeux. Ils en ont gardé le principal secret entre un petit nombre de conjurés; ils n'ont laissé voir au reste des hommes que ce qu'il fallait pour les y faire concourir. Chacun n'a vu l'objet que par le côté qui pouvait l'émouvoir, et n'a été initié dans le complot qu'autant que l'exigeait la partie de l'exécution qui lui était confiée. Il n'y a peut-être pas dix personnes qui sachent à quoi tient le fond de la trame, et de ces dix, il n'y en a peut-être pas trois qui connaissent assez leur victime pour être sûrs qu'ils noircissent un innocent. Le secret du premier complot est concentré entre deux hommes qui n'iront pas le révéler. Tout le reste des complices, plus ou moins coupables, se fait illusion sur les manœuvres qui, selon eux, tendent moins à persécuter l'innocence qu'à s'assurer d'un méchant. On a pris chacun par son caractère particulier, par sa passion favorite. S'il était possible que cette multitude de coopérateurs se rassemblât et s'éclairât par des confidences réciproques, ils seraient frappés eux-mêmes des contradictions absurdes qu'ils trouveraient dans les faits qu'on a prouvés à chacun d'eux, et des motifs non-seulement différents, mais souvent contraires, par lesquels on les a fait concourir à l'œuvre commune, sans qu'aucun d'eux en vît le vrai but. »

Il est impossible de n'être pas frappé de ces divagations bizarres, de ces subtilités où se perd la raison. Quand nous parlons de *folie,* nous tenons à prouver que nous n'exagérons rien, et ce sont les textes mêmes de Rousseau qui nous forcent à conclure. Il s'égare dans un souterrain sans issue, qui est pour lui comme les catacombes de la mort. Point de fil conducteur pour le rendre à la lumière, à l'exacte appréciation de sa destinée. C'est une intelligence dévoyée, qui se débat au milieu de l'absurde; on eût été mal venu à vouloir la rectifier, la ramener au bon sens. Sur ce point, la conviction de l'auteur était complète, inexorable; un volume tout entier est consacré à cette pénible et douloureuse exposition, dont la lecture ne produit que déception et fatigue. N'est-ce pas le cas de rappeler cette observation profonde de Bossuet : « Le plus grand déréglement de l'esprit, c'est de voir les choses par ce qu'on veut qu'elles soient [1]. »

Cette apologie terminée, Rousseau ne savait comment la faire parvenir à la postérité pour laquelle il l'avait écrite. Il n'osait la confier à personne, car ses prétendus ennemis pouvaient la détruire, ou en abuser, la défigurer. « Vingt ans d'expérience m'avaient appris quelle droiture et quelle fidélité je pouvais attendre de ceux qui m'entouraient sous le nom d'amis... Leur confier mon manuscrit n'était autre chose que de vouloir le remettre moi-même à mes persécuteurs, et la manière dont j'étais enlacé ne me laissait plus le moyen d'aborder personne autre. »

Que fait Rousseau dans cette perplexité? Il suit

[1] Dans ses *Souvenirs littéraires*, publiés récemment, M. Maxime Du Camp est amené à parler de Gérard de Nerval, et de la folie intermittente dont était affligé ce malheureux écrivain; il cite une nouvelle que Gérard écrivit deux mois avant sa mort : *Aurélie, ou le Rêve de la vie*. « C'est, dit-il, une sorte de testament légué aux méditations des aliénistes. C'est la folie prise sur le fait, racontée par un fou dans un moment lucide... C'est une analyse psychologique de premier ordre; c'est mieux que cela : c'est l'autopsie d'une âme qui ne s'appartient plus, la dissection des fantômes qui la tourmentent; c'est la cristallisation du nuage, la prise de possession de l'insaisissable. J'ai lu plus d'un livre par lequel le mystère de la folie peut être pénétré, les *Dialogues* de J. J. Rousseau... » Ainsi, d'après Maxime Du Camp, les *Dialogues* de Rousseau sont le fruit d'un cerveau dérangé.

l'instinct religieux de son âme et veut confier son œuvre à la Providence, en la déposant sur l'autel de Notre-Dame de Paris. « J'imaginai pour cela de faire une copie, et de la déposer dans une église sur un autel; et, pour rendre cette démarche aussi solennelle qu'il était possible, je choisis le grand autel de l'église de Notre-Dame, jugeant que partout ailleurs mon dépôt serait plus aisément caché ou détourné par les curés ou par les moines, et tomberait infailliblement dans les mains de mes ennemis, au lieu qu'il pouvait arriver que le bruit de cette action fît parvenir mon manuscrit jusque *sous les yeux du Roi*, ce qui était tout ce que j'avais à désirer de plus favorable, et qui ne pouvait jamais arriver en m'y prenant de toute autre façon. »

Ce projet bizarre, ces idées incohérentes ne sont-elles pas l'indice d'un dérangement mental? Il veut déposer son écrit sur l'autel de Notre-Dame pour qu'il ne soit pas détourné par les curés ou les moines; mais par ce moyen ne devait-il pas forcément passer par leurs mains? Et puis était-ce une voie sûre pour le faire arriver jusqu'aux mains du Roi? Et le Roi lui-même, qu'aurait-il pu faire en faveur de Rousseau et de son ouvrage? Décidément la boussole faisait défaut au malheureux écrivain. Il essaya donc de réaliser son projet, en se rendant compte du jour et de l'heure où il pourrait aborder l'autel de la cathédrale sans être vu ni arrêté. Il avait préparé une dédicace touchante, une prière *au Dieu de justice et de vérité,* avec cette suscription : *Dépôt remis à la Providence.* Muni de son paquet, il se rendit à Notre-Dame le samedi 24 février 1776, sur les deux heures ; mais quand il voulut entrer dans le chœur, il trouva la grille fermée, contre son attente, ce qui lui causa une espèce de désespoir. « Au moment où j'aperçus cette grille, je fus saisi d'un vertige comme un homme en apoplexie, et ce vertige fut suivi d'un bouleversement dans tout mon être, tel que je ne me souviens pas d'en avoir éprouvé un pareil... Je crus dans mon premier transport voir concourir le ciel même à l'œuvre d'iniquité des hommes... Je sortis rapidement de l'église, résolu de n'y rentrer de mes jours, et, me livrant à toute mon agitation, je courus le reste du jour, errant de toutes parts, sans savoir ni où j'étais, ni où j'allais, jusqu'à ce que n'en pouvant plus, la lassitude et la nuit me forcèrent à rentrer chez moi, rendu de fatigue et presque hébété de douleur. »

Inutile d'ajouter des commentaires à ce récit : il parle assez de lui-même ; c'est un symptôme d'insanité. Revenu un peu à lui même, Rousseau réfléchit à ce que son projet avait eu de chimérique, et il se console, se réjouit même qu'il n'ait pas réussi. Il pense alors à un homme de lettres estimable, une ancienne connaissance, à qui il croit pouvoir se fier. Il lui porte son écrit, et quinze jours après, il retourne chez lui pour savoir ce qu'il en pense. Celui-ci lui en parle assez froidement, et lui fait seulement quelques objections sur la forme littéraire du travail. Trouvant Rousseau récalcitrant, il lui offre de le lui rendre. Rousseau refuse de l'emporter, et le prie de le confier à un homme plus jeune que lui, qui pourra plus tard en faire la publication, ce qui est accepté.

Persuadé ensuite qu'il avait manqué son but avec ce dépositaire, il refait une nouvelle copie de son œuvre. Elle n'était qu'à moitié achevée quand il reçut la visite d'un jeune Anglais qu'il avait connu à Wootton (M. Brooke Boothly). Persuadé que c'est la Providence qui le lui envoie, il lui confie ce qu'il a copié, dans l'espoir qu'il pourra lui remettre le reste l'année suivante à son retour. Bientôt après il lui vient des doutes sur le succès de cette combinaison, et il en imagine une autre encore moins sensée : c'est d'écrire une sorte de billet circulaire adressé à la nation française, d'en faire plusieurs copies et de les distribuer, aux promenades et dans les rues, aux inconnus dont la physionomie lui plairait le plus. Le voilà donc écrivant de nombreux billets, dont chacun portait cette suscription : *A tout Français aimant encore la justice et la vérité,* puis il se mit à en opérer la distribution. Les passants à qui il s'adressait durent le prendre pour un insensé ; la plupart refusaient, et ceux qui lisaient l'inscription lui répondaient que cela ne s'adressait pas à eux. Rousseau répondait qu'ils avaient raison, et qu'il s'était trompé.

Rebuté de ce côté, il employa un autre moyen : ce fut d'envoyer ces billets en réponse aux nombreuses lettres d'inconnus qui demandaient à se présenter chez lui ; mais il s'attirait des réponses équivoques où il entrevoyait la fausseté. Il dut renoncer à ces tentatives et prit le parti de se détacher de tout, de désespérer de la justice, non sans faire remettre toutefois plusieurs de ses billets à ceux qu'il croyait les moins injustes et les moins prévenus contre lui ; car il se disait que si parmi eux « il se trouvait un seul cœur d'homme, ou seulement un esprit vraiment sensé, ses persécuteurs auraient perdu leur peine, et bientôt la vérité percerait aux yeux du public... C'est de celui-là qu'il fera son dépositaire, sans même examiner s'il doit compter sur sa probité. »

Il importait de s'arrêter un peu sur ces *Dialogues* apologétiques de Rousseau, terminés deux ans avant sa mort, pour montrer la perversion de son jugement; nulle part on ne constate mieux en lui la décadence mentale. Il nous reste à parler d'une dernière étape, caractérisée par les *Rêveries du promeneur solitaire,* qui sont comme la suite et le complément de ses *Confessions*. Depuis longtemps il avait interrompu ce travail; il s'était arrêté à l'époque où il quittait la Suisse pour se réfugier en Angleterre (1765). Il reste donc treize années de sa vie qu'il n'a pas racontées directement et dont on ne peut guère connaître les détails intimes. Il dit qu'il renonça à poursuivre ce travail quand le malheur vint s'abattre sur lui; qu'accoutumé à ses douces rêveries, il ne trouva ni force ni courage pour soutenir la méditation des horreurs qui l'accablaient, qu'il n'aurait même pu s'en rappeler l'effroyable tissu, quand il s'y serait obstiné.

On savait dans le public qu'il avait écrit ses *Confessions*, et plusieurs de ses anciens amis s'en inquiétaient, persuadés qu'ils devaient y figurer, et peut-être sous des couleurs peu favorables. Rousseau était réputé pour être d'une franchise brutale, quoique nullement vindicatif. C'était moins pour peindre les autres que lui-même qu'il avait entrepris cette œuvre, *unique parmi les hommes,* selon son expression. *Unique* sans doute, car on ne peut pas la rapprocher des *Confessions* de saint Augustin, qui n'avait raconté ses fautes que pour les expier par l'humilité et le repentir. L'intention de Rousseau était qu'elles ne fussent publiées qu'après sa mort. Cela lui avait donné le courage de tout dire, et, selon nous, il en avait trop dit sur plus d'un chapitre, car le cynisme est toujours blâmable, même dans les aveux que l'on peut faire. Il se croyait le plus vertueux des hommes, et il était persuadé que ses ennemis voulaient le faire passer pour un monstre. C'est ce double motif qui lui fit prendre la plume. Les *Confessions* étaient donc pour lui une apologie, un moyen de défense. Son retour à Paris avait été une sorte de défi à ceux qu'il croyait ses persécuteurs. Comme sa présence y était tolérée, que le décret de prise de corps, sans être rapporté, était tombé de lui-même, il pensa que ses *Confessions* aideraient à sa réhabilitation. Il les rendit en quelque sorte publiques, par la communication qu'il en donna à diverses personnes, et les lectures qui en furent faites. Rulhières en obtint une pour le roi de Suède. Dussaulx parle d'une lecture qui fut faite devant sept personnes, et chaque auditeur prit des notes ou fit des extraits qui furent publiés. Madame d'Épinay s'inquiéta de ces révélations, sachant bien qu'elle devait y jouer un rôle; aussi écrivit-elle à M. de Sartines, pour se plaindre de la lecture publique de ce *libelle*, et le prier de défendre à l'auteur de recommencer, car il y allait, disait-elle, de son repos.

Les *Rêveries* de Rousseau diffèrent de ses *Confessions* pour le ton et la forme; elles ont été composées en 1777 et 1778, c'est-à-dire peu de temps avant sa mort : c'est donc son dernier écrit. Il sent que sa fin approche; il se recueille dans sa tristesse et son isolement. Aucun lien ne l'attache désormais à la société, mais sa passion pour la nature n'a fait que s'accroître, et chaque jour il s'échappe du centre de Paris pour aller errer dans la campagne; il y trouve des heures de ravissement qui sont un baume pour son âme endolorie. « Me voici donc seul sur la terre, dit-il au début de la *Première Promenade*, n'ayant plus de frère, de prochain, de société que moi-même. Le plus sociable et le plus aimant des humains en a été proscrit par un accord unanime... Tiré je ne sais comment de l'ordre des choses, je me suis vu précipité dans un chaos incompréhensible, où je n'aperçois rien du tout; et plus je pense à ma situation présente, moins je puis comprendre où je suis... Quand cette étrange révolution se fit, pris au dépourvu, j'en fus d'abord bouleversé. Mes agitations, mon indignation, me plongèrent dans un *délire* qui n'a pas eu trop de dix ans pour se calmer... Tout est fini pour moi sur la terre : on ne peut plus m'y faire ni bien ni mal. Il ne me reste plus rien à espérer ni à craindre en ce monde, et m'y voilà tranquille, au fond de l'abîme... C'est dans cet état que je reprends la suite de l'examen sévère et sincère que j'appelai jadis mes *Confessions*. Je consacre mes derniers jours à m'étudier moi-même et à préparer d'avance le compte que je ne tarderai pas à rendre de moi. Livrons-nous tout entier à la douceur de converser avec mon âme, puisqu'elle est la seule que les hommes ne peuvent m'ôter. Ces feuilles peuvent donc être regardées comme un appendice de mes *Confessions;* mais je ne leur en donne plus le titre, ne sentant plus rien à dire qui puisse le mériter. »

Tel est le ton, la forme, le but de ses *Rêveries*. Elles ont quelque chose de doux, de mélancolique et d'un peu rasséréné. L'idée de persécution s'y produit encore, mais débattue avec moins de colère et de frénésie. Un calme relatif semble s'être répandu sur cette douleur invétérée ; à force de souffrir et de combattre l'inconnu, le lutteur s'affaisse ; cette âme sensible et malade se sent vaincue ; elle n'a plus la force de résister : c'est l'engourdissement qui précède le dernier sommeil. C'est ainsi que Rousseau met en tête de sa *Troisième Promenade : L'étude d'un vieillard est d'apprendre à mourir.*

La solitude, que Rousseau a tant aimée et recherchée, est devenue son bonheur suprême : il ne soupire plus qu'après elle, témoin le passage suivant, tiré de sa *Huitième Promenade :* « Je loge au milieu de Paris; en sortant de chez moi, je soupire après la campagne et la solitude; mais il faut l'aller chercher si loin qu'avant de pouvoir respirer à mon aise, je trouve en mon chemin mille objets qui me serrent le cœur, et la moitié de la journée se passe en angoisses avant que j'aie atteint l'asile que je vais chercher. Heureux du moins quand on me laisse achever ma route! Le moment où j'échappe au cortége des méchants est délicieux, et sitôt que je me vois sous les arbres, au milieu de la verdure, je crois me voir dans le Paradis terrestre, et je goûte un plaisir interne aussi vif que si j'étais le plus heureux des mortels. »

Malgré son amour pour la solitude et son dédain des hommes, Rousseau était recherché; sa célébrité et même sa réputation de sauvagerie lui attiraient de nombreux visiteurs, dont la plupart étaient évincés avec une certaine rudesse, provoquée par la défiance et l'ennui. Dussaulx, qui le vit alors assez fréquemment, dit avec sérieux que Rousseau se méfiait même de son chien, dont les caresses trop fréquentes devaient cacher quelque mystère. Madame de Genlis, dont le système d'éducation a emprunté tant de choses à l'*Émile*, eut avec lui des rapports assez fréquents, qu'elle raconte avec un certain charme dans ses *Souvenirs de Félicie*. Ce qui faillit les brouiller, ce fut l'envoi fait à Rousseau de vingt-six bouteilles de vin de Sillery, alors que celui-ci n'avait accepté que le cadeau de deux bouteilles; mais la brouille devint complète un jour que madame de Genlis ayant obtenu de Rousseau qu'il vînt avec elle au théâtre, il fut reconnu du public dans sa loge, et il l'accusa d'avoir voulu le *donner en spectacle*.

Le prince de Ligne voulut aussi connaître Rousseau et prit un prétexte pour se présenter chez lui sans autre formalité; il a raconté sa visite avec son esprit ordinaire. Il alla, dit-il, le relancer dans son grenier, rue Plâtrière, et causa avec lui sans que Rousseau daignât lui demander son nom. Peu après il lui écrivit pour lui offrir un asile, que celui-ci refusa. « Il eut, dit le prince, la bonté de croire, à sa façon ordinaire, que les offres d'asile que je lui faisais étaient un piége que ses ennemis m'avaient engagé à lui tendre.

Cette *folie avait attaqué le cerveau* de ce malheureux grand homme, ravissant et impatientant. Mais le premier mouvement était bon, car le lendemain de ma lettre, il vint me témoigner sa reconnaissance... La description qu'il me fit de ses malheurs, le portrait de ses prétendus ennemis, la conjuration de toute l'Europe contre lui, m'auraient fait de la peine, s'il n'y avait pas mis tout le charme de son éloquence. » Avec sa finesse pénétrante, le prince de Ligne a bien jugé Rousseau, et nous constatons qu'il lui a trouvé l'esprit frappé d'un coin de folie.

Bernardin de Saint-Pierre, dont l'âme tendre et sensible, l'esprit rêveur, le talent descriptif ont tant d'affinité avec ceux de Rousseau, a raconté avec un grand charme les rapports qu'il eut avec lui, et il ne paraît pas que, sauf un léger nuage, il y ait eu de dissension entre eux. Le portrait que trace Bernardin de son ami lui est de tout point favorable : « Il était maigre, et d'une taille moyenne, fort bien proportionnée... Il avait le teint brun, quelques couleurs aux pommettes des joues, la bouche belle, le nez très-bien fait, le front rond et élevé, les yeux plein de feu... On remarquait dans son visage trois ou quatre caractères de mélancolie, par l'enfoncement des yeux et par l'affaissement des sourcils ; de la tristesse profonde dans les rides du front, une gaieté très-vive et même un peu caustique par mille petits plis aux angles extérieurs des yeux, dont les orbites disparaissaient quand il riait. Toutes les passions se peignaient successivement sur son visage, suivant que les sujets de conversation affectaient son âme; mais dans une situation calme, sa figure conservait l'empreinte de toutes ces affections, et offrait à la fois je ne sais quoi d'aimable, de fin, de touchant, de digne de pitié et de respect. »

Bernardin fut présenté à Rousseau par un de ses amis : c'était au mois de juin 1772. Rousseau lui rendit sa visite quelques jours après. Ayant appris en causant que celui-ci aimait beaucoup le café, Bernardin, qui en avait apporté une balle de l'île Bourbon, lui en envoya un paquet, croyant lui faire grand plaisir; mais il fut vite détrompé en recevant la lettre suivante : « A peine nous nous connaissons, et vous débutez par des cadeaux : c'est rendre notre société trop inégale, ma fortune ne me permet pas d'en faire. Choisissez de reprendre votre café ou de ne plus nous revoir. » Bernardin ne se laissa point décourager par ce ton bourru; les choses s'arrangèrent par un échange de cadeaux qui fit garder le café, et ils dînèrent ensemble. Il s'établit entre ces deux esprits de même trempe une sorte d'intimité durable; ils firent ensemble de longues promenades, des lectures, des causeries. Par moments, l'humeur de Rousseau interrompait les relations. A la suite d'une de ces bouderies, Rousseau rencontre Bernardin : il va droit à lui et lui dit : « Je serais fâché de vous voir trop souvent, mais je serais encore plus fâché de ne vous pas voir du tout. » Puis, tout ému : « Je redoute l'intimité, j'ai fermé mon cœur... L'humeur me tourmente ; ne vous en apercevez-vous pas ? Je la contiens quelque temps ; je n'en suis plus le maître ; elle éclate malgré moi. J'ai mes défauts ; mais quand on fait cas de l'amitié de quelqu'un, il faut prendre les bénéfices avec les charges. » Ce trait de Rousseau le peint bien : il confirme toutes nos appréciations ; le caractère est droit, franc, prime-sautier, mais la tête n'est pas saine.

Rousseau avait commencé de faire une suite à l'*Émile*, et en lut des fragments à Bernardin, en l'engageant à continuer, à terminer son œuvre ; il voulut lui remettre ce qu'il en avait écrit ; mais celui-ci refusa, en disant que l'ouvrage perdrait à avoir deux couleurs et deux styles. Rousseau n'a pas conservé le manuscrit de ce travail.

Le dernier ami de Jean-Jacques dont nous avons à parler est M. Corancez, qui le fréquenta beaucoup pendant ses dernières années et le suivit jusqu'à sa mort. Le portrait qu'il en fait mérite d'être cité, comme complément d'information : « Il était d'une simplicité rare, qui tenait encore du caractère de l'enfance; il en avait l'ingénuité, la gaieté, la bonté, et surtout la timidité. Lorsqu'il était en proie aux agitations d'une certaine quantité d'humeurs qui circulaient dans son sang, il était alors si différent de lui-même qu'il inspirait, non pas de la colère, mais de la pitié. » C'est donc toujours le même Rousseau, détraqué par moments au point de n'être plus lui-même. Jamais homme ne fut plus mal équilibré.

Au commencement de sa liaison avec lui, M. Corancez éprouva, comme Bernardin, une rebuffade des plus caractérisées. Voyant que Rousseau vivait avec peine de ses copies de musique, il eut l'idée de lui faire rendre sa pension du roi d'Angleterre, qu'il ne touchait plus. Il en vint à bout par l'intermédiaire d'un de ses amis, secrétaire d'ambassade à Londres, et il reçut une lettre de change de six mille trois cent trente-six livres. Mais quand il vint annoncer à Rousseau cette bonne nouvelle, celui-ci lui répondit brusquement : « Je suis majeur, et je puis gouverner moi-même mes affaires. Je ne sais par quelle fatalité les étrangers veulent mieux faire que moi. » Ne voulant pas rompre avec l'illustre ami, M. Corancez prit le parti de s'excuser et renvoya la lettre de change en Angleterre. Pourtant Rousseau l'accusa de s'entendre avec ses ennemis, et, après de longues explications, il voulut bien admettre qu'il avait été leur agent sans le savoir. Grâce à cette concession, il n'y eut point de rupture. Mais, témoin des défiances persistantes de Rousseau, de ses manies relatives à l'idée fixe de persécutions, M. Corancez est amené comme nous à conclure à la folie : « On voit que non-seulement les soupçons se multiplient, que tout leur sert d'aliment, jusqu'aux circonstances qui en paraissent le plus éloignées ; mais on doit remarquer aussi que les raisonnements sur lesquels ils sont appuyés prennent un caractère de véritable *folie.* » Ce témoignage de M. Corancez, qui vit de près Rousseau pendant les douze dernières années de sa vie, peut servir de conclusion à notre thèse : la monomanie de Jean-Jacques est bien prouvée.

Est-ce aussi dans un accès de folie que Rousseau s'est donné la mort ? Tout porte à le croire. Avec une tête aussi exaltée que la sienne, un moment de désespoir pouvait facilement l'entraîner au suicide, et nous avons vu que plusieurs fois déjà il y avait pensé, malgré le beau plaidoyer contre le suicide que l'on trouve dans l'*Héloïse*. Les hommes à imagination vive ne sont pas toujours conséquents avec leurs principes, à plus forte raison quand leur esprit bat la campagne.

M. Corancez raconte que depuis longtemps Rousseau travaillait moins qu'à l'ordinaire, que ses ressources étaient diminuées, et que cependant la santé de sa femme exigeait un séjour à la campagne. Le printemps de 1778 commençait. M. Corancez lui offrit d'aller habiter un petit logement qu'il avait à Sceaux. Après quelque résistance, il finit par accepter. Mais ce que M. Corancez ignorait, c'est que, depuis le mois de décembre précédent, le comte Duprat avait offert un asile à Rousseau aux environs de Lyon, et que des arrangements réciproques avaient été pris pour l'y transporter avec sa femme; seulement on devait attendre le retour de la belle saison. Au mois de février 1778, le comte Duprat renouvela ses instances. Rousseau lui répondit le 3 de ce mois :

« Vous rallumez, Monsieur, un lumignon presque éteint; mais il n'y a pas d'huile à la lampe, et le moindre air de vent peut l'éteindre sans retour. Autant que je puis désirer quelque chose encore dans ce monde, je désire aller finir mes jours dans l'asile aimable que vous voulez bien me destiner. Tous les vœux de mon cœur sont pour y être; le mal est qu'il faut s'y transporter. En ce moment, je suis demi-perclus de rhumatismes ; ma femme n'est pas en meilleur état que moi; vieux, infirme, je sens à chaque instant le découragement qui me gagne. »

Rousseau trouvait donc des obstacles à entreprendre ce voyage, et certaines conditions que le comte Duprat voulait lui imposer lui inspiraient répugnance ou défiance. Dans une dernière lettre, du 15 mars 1778, celle qui clôt sa *Correspondance,* il accentue ses objections, sans toutefois refuser positivement ; mais on sent que l'obstacle vient surtout de Thérèse, qui avait sans doute d'autres vues. Rousseau se trouvait à ce moment entre deux propositions qu'il avait acceptées en principe. Comment se fait-il que, bientôt après, il se rendit à l'offre que lui fit M. de Girardin d'aller s'établir chez lui à Ermenonville ? M. de Girardin connaissait peu Rousseau ; il a fallu une bien forte influence pour l'amener à prendre brusquement une telle résolution. Cette influence n'a pu être que celle de Thérèse.

Nous n'avons pas assez insisté sur le rôle que joua Thérèse Levasseur dans la vie de J. J. Rousseau. Elle fut une des plaies de son existence, et la conduite de cette femme à toute époque ne peut inspirer que du mépris. Basse et commune, vraie commère de village, gourmande et fausse, elle avait su accaparer l'homme de génie, se rendre auprès de lui nécessaire, indispensable, et le diriger à sa guise sans qu'il s'en aperçût. Rousseau, l'homme à l'âme fière et haute, traînait partout cette chaîne honteuse et avait toujours l'avilissement à son foyer. Il l'avait prise sans amour, il la garda par habitude, et elle avait fini par lui imposer ses volontés. Tout entier à ses pensées, à ses études, il était heureux d'échapper aux soins matériels, et par le corps, Thérèse dominait l'âme. Elle fut pour beaucoup dans les tracas qui lui furent suscités et dans ses nombreux changements de domicile, car Rousseau ayant eu le tort ou le malheur d'habiter presque toujours chez les autres, Thérèse y produisait des scènes déplaisantes, des difficultés, des tracas continuels ; il y en eut à l'Ermitage, à Montmorency, à Wootton, à Trye, à Monquin. Ajoutons que cet état avoué de concubinage, qui dura longtemps, jetait sur Rousseau le discrédit de l'immoralité en compromettant la dignité de sa vie, dont il se targuait si hautement. Il y a plus, un biographe de Rousseau, M. de Barruel, soutient que Jean-Jacques n'était pas le père des enfants de Thérèse Levasseur, et qu'il ne l'ignorait pas. Ce serait donc la cause véritable de l'abandon des enfants. Mais si le cas était vrai, la conduite de Rousseau serait encore moins facile à comprendre, et surtout à excuser. Combien différente eût été l'existence de Rousseau, si, contractant un mariage régulier, honnête, pauvre si l'on veut, mais correct et imposant le respect, il se fût fixé dans un ménage sérieux, qui eût empêché ses courses vagabondes et lui eût procuré le bonheur de la famille! Combien ses écrits y auraient gagné en autorité! Combien il se fût épargné de chagrins et de malheurs! On a souvent répété un fait qui, sans être complétement prouvé, paraît pourtant très-probable : c'est que Thérèse trouva à Ermenonville un valet d'écurie auquel elle s'abandonna, et que Rousseau, ayant connu cette trahison, se donna la mort dans un accès de désespoir[1].

[1] Dans son *Histoire littéraire de Genève*, M. Senebier a écrit une notice impartiale sur J. J. Rousseau. Il attribue ses bizarreries de caractère à sa maladie de vessie, et surtout à l'influence de Thérèse Levasseur. « Tous les amis de Rousseau, dit-il, se plaignaient de Thérèse, et elle semble la cause de tous ses malheurs, parce qu'elle fut celle de toutes ses brouilleries, de toutes ses tracasseries. Rien ne contribua davantage à troubler la tranquillité de Rousseau que l'empire de Thérèse Levasseur sur son esprit. Elle connut les faiblesses de ce grand homme, et elle sut en profiter; elle lui persuada qu'elle était le seul être digne de son attachement et de sa confiance... Elle repoussait tous ceux qui parvenaient à lui plaire, et, lorsque Rousseau ne les écartait pas, elle les empêchait de revenir par des refus constants et invincibles... Il me semble que l'histoire de Rousseau avec Hume s'explique aisément par ce moyen : Si

Nous avons dit que M. Corancez avait proposé à Rousseau de lui donner sa campagne de Sceaux. Quand il vint le trouver pour arranger son départ, Rousseau n'était plus à Paris. Thérèse lui dit simplement qu'il était sorti ; or Rousseau était déjà à Ermenonville, et Thérèse se hâta de vendre tout le mobilier pour l'aller retrouver. M. Corancez ignorait ces détails, lorsqu'il rencontra par hasard le comte de Flamanville, chevalier de Malte, qu'il avait vu souvent chez Rousseau. Celui-ci l'aborda, et lui dit qu'il venait d'Ermenonville, *que la tête de Rousseau travaillait,* et que ce dernier lui avait remis un papier écrit de sa main pour le prier de lui trouver un asile dans un hôpital. Bientôt après, on apprit que Rousseau était mort le 3 juillet. M. Corancez prit aussitôt le chemin d'Ermenonville, accompagné de son beau-père, qui était Génevois. A leur arrivée à Louvres, le maître de poste, nommé Payen, voyant que leur voyage était occasionné par la mort de Rousseau, leur dit d'un ton pénétré : — Qui l'aurait cru, que

Thérèse a décacheté les lettres de Rousseau ; si elle lui a insinué que c'était l'ouvrage de Hume, dont elle craignait peut-être les regards perçants, Rousseau, sans défiance quand une fois il s'était livré, travaille sur ces idées, voit tout avec des yeux décidés à voir conformément aux idées qu'il s'est faites... et il y ajoute tout ce que son imagination lui offre pour donner corps à ce roman. »

M. Rousseau se fût ainsi détruit lui même? — Comment est-il mort? dirent-ils. — D'un coup de pistolet, répondit Payen.

Arrivés à Ermenonville, les voyageurs furent étonnés d'apprendre de M. de Girardin et de Thérèse que Rousseau était mort d'apoplexie. Un procès-verbal, signé de deux chirurgiens, attestait le fait. M. de Girardin, à qui ils racontèrent le dire du maître de poste, le nia avec chaleur et leur recommanda de ne pas le répéter. Rousseau, disait-il, s'était trouvé mal à la garde-robe; il était tombé et s'était fait un *trou au front*.

Quelle est la vérité entre ces deux affirmations? La mort de Rousseau fut-elle naturelle, ou le résultat d'un suicide? Il y a eu sur ce sujet des discussions nombreuses; le pour comme le contre a été soutenu avec vivacité, même avec passion. Nous allons exposer impartialement les opinions contradictoires, en indiquant les motifs dont elles s'appuient.

Thérèse était seule avec Rousseau au moment de la mort; M. de Girardin, attiré par ses cris, arriva aussitôt après le décès, et tous deux ont soutenu qu'il était mort subitement d'une attaque d'apoplexie. M. de Girardin fit constater le fait par deux chirurgiens, dont le procès-verbal conclut au décès par suite d'une apoplexie séreuse; mais l'autopsie fut faite ensuite par trois chirurgiens assistés de deux médecins. Leur procès-verbal est moins affirmatif que le précédent, car, après les détails de l'examen analytique, il dit : « Ne peut-on pas, *avec beaucoup de vraisemblance*, attribuer la mort de J. J. Rousseau à la pression de la sérosité contenue dans le cerveau ? » Cette forme dubitative n'est pas de nature à emporter la conviction.

M. Corancez fut le premier à élever des doutes contre le genre de mort ainsi constaté. La rumeur publique, dont le dire du maître de poste, Payen, était l'écho, l'avait tout d'abord frappé; il se défia des assertions de Thérèse et de M. de Girardin; il les tint comme suspectes et intéressées, parce qu'elles auraient eu pour but de cacher une mort violente qui leur était pénible, aussi bien qu'elle paraissait défavorable à la mémoire du défunt. M. Corancez eut le tort, il est vrai, de se refuser à voir le cadavre, dont l'état aurait pu lui fournir quelques indices; ce fut, dit-il, par égard pour sa sensibilité.

Thérèse raconta à M. Corancez que Rousseau, se sentant mourir, fit ouvrir les fenêtres, et prononça ces paroles : « Voyez comme le ciel est pur : il n'y a pas un seul nuage; ne voyez-vous pas que la porte m'en est ouverte, et que Dieu m'attend?... » Ce sont les paroles que M. de Girardin a fait graver dans sa propriété d'Ermenonville, et que l'on y voit encore.

Malgré les récits de Thérèse et de M. de Girardin, M. Corancez se retira persuadé du suicide, et il publia, dans le *Journal de Paris*, tous les détails qu'il avait pu recueillir à ce sujet. Il provoqua une réponse de Thérèse, dans laquelle elle soutenait ses affirmations antérieures, mais avec des détails contradictoires. Ainsi elle racontait que, le matin du 3 juillet 1778, Rousseau se sentit indisposé, qu'il ne déjeuna point[1]; qu'étant sortie pour affaires, elle l'entendit gémir en rentrant; elle le trouva étendu sur le carreau, l'aida à se mettre au lit et lui fit prendre quelques remèdes; bientôt après, il se rendit à la garde-robe, et là, il tomba le visage contre terre avec une telle force qu'il la renversa. « Je me relevai, dit la lettre de Thérèse, je jetai des cris perçants, la porte était fermée. M. de Girardin, qui avait une double clef de notre appartement, entra; j'étais couverte du sang qui coulait du front de mon mari. Il est mort en me tenant les mains serrées dans les siennes, *sans prononcer une parole*[2].

« Je vous atteste... que mon mari est mort dans

[1] D'après le procès-verbal d'autopsie, on trouva du café dans l'estomac.

[2] Dans son récit primitif, pourquoi avait-elle cité des paroles de J. J. Rousseau?

mes bras de la manière que je viens de vous décrire; il ne s'est point empoisonné dans une tasse de café; il ne s'est point brûlé la cervelle d'un coup de pistolet.

« Peu de temps après l'arrivée de mon mari à Ermenonville, ce séjour lui inspira des craintes; il m'en fit part, pour me convaincre de la nécessité de son retour à Paris. Toutes peu fondées qu'elles me parurent (je verse des larmes lorsque j'y pense), non, je ne me pardonnerai jamais de m'être opiniâtrée à rester à Ermenonville, et les instances de M. de Girardin, qui s'est plusieurs ois agenouillé devant moi, pour que je ne consentisse pas à revenir à Paris, ni la dépense énorme que notre déplacement nous avait coûté, et qu'il fallait recommencer, n'ont été à mes yeux depuis sa mort que de faibles excuses.

« Mon mari mort, oubliant tout ce qu'il m'avait dit, je me suis jetée dans les bras de l'homme qui s'était prosterné devant moi. Je lui ai remis tout l'argent comptant qui était dans la maison. Je l'ai laissé s'emparer des manuscrits, de l'herbier, de la musique, et de tous les objets qui composaient notre avoir.

« Aussi rapide dans sa course que l'aigle dans son vol, cet homme a été à Genève, et, sans me consulter, sans me donner le temps de me reconnaître, il a vendu tous mes effets, moyennant des lettres de change qui n'ont pas été payées, et sur lesquelles j'ai depuis transigé en acceptant une rente viagère... »

Cette lettre de Thérèse à M. Corancez est le seul témoignage authentique et direct que nous ayons sur la mort de l'écrivain. Faut-il y ajouter une foi entière? Le caractère connu de cette femme ne le permet pas; elle était menteuse de sa nature; elle pouvait avoir, comme M. de Girardin, un intérêt de position et de convenance à dissimuler la cause de la mort, et ils ont pu convenir ensemble du récit à faire au public, sans empêcher pourtant la vérité de transpirer au dehors, comme le prouve le récit spontané du maître de poste.

On remarquera dans cette lettre que Rousseau se trouvait malheureux à Ermenonville; qu'il voulait en sortir, que Thérèse l'en empêcha sur les instances de M. de Girardin. Quant à croire que ce dernier se soit prosterné à ses pieds pour la supplier de rester, c'est peu vraisemblable. De plus, elle accuse M. de Girardin d'avoir usé et abusé, au détriment de ses intérêts, de tout ce qui appartenait à Rousseau. Ayant été renvoyée du château d'Ermenonville pour son inconduite, on ne s'étonne pas qu'elle ait voulu s'en venger par de telles insinuations, que M. de Girardin n'a pas jugé à propos de réfuter.

M. Corancez, en publiant cette lettre, déclare que, tout en le contredisant, elle confirme toutes ses assertions : « Madame Rousseau ne me conteste qu'un seul fait, c'est le genre de mort de son mari. Rappelez-vous que mon opinion à cet égard est fondée : 1° sur ce qu'il n'avait réellement point choisi Ermenonville comme le lieu de sa retraite ; 2° sur ce qu'il n'y avait point été heureux ; 3° sur ce qu'il avait fait de véritables efforts pour en sortir, et que, n'ayant pu y réussir, il n'avait trouvé que ce moyen de se soustraire à une situation que chaque jour rendait plus pénible.

« Madame Rousseau confirme tous ces faits de la manière la plus énergique. Elle fait un récit des circonstances de sa mort, mais ce récit est en contradiction, et avec lui-même, et avec ce qui m'avait été dit en arrivant, et surtout avec le discours annoncé par elle-même avoir été tenu par Rousseau au moment de sa mort, discours qui a été gravé comme monument authentique.

« M. de Girardin, madame Rousseau et M. Houdon, sculpteur, qui a moulé sa tête après sa mort, attestent tous un trou au front, occasionné par une chute à la garde-robe. Ce trou était si profond, que M. Houdon m'a dit, à moi, avoir été embarrassé pour en remplir le vide. Une chute de la hauteur de Rousseau, retenu par sa femme qu'il a entraînée avec lui, pouvait-elle occasionner un trou aussi profond ? Le suicide, sous l'ancien gouvernement, était puni et déshonorait. On pouvait donc et on devait même le nier : c'est ce qui a eu lieu, et les motifs en sont louables..... Pour moi, je dis franchement ce que je crois la vérité ; et ne pouvant concilier avec les faits incontestables les mensonges officieux débités à cet égard, je me confirme de nouveau dans cette opinion que Rousseau s'est donné la mort. »

Madame de Staël, qui admirait J. J. Rousseau, partage et soutient aussi l'opinion du suicide. Elle était fort jeune quand elle composa son premier ouvrage, *Lettre sur les écrits et le caractère de J. J. Rousseau ;* mais elle vivait dans un milieu génevois où l'on était fort au courant de tout ce qui concernait le grand écrivain ; aussi son témoignage est-il à considérer : « Vous qui l'accusiez de jouer un rôle, de feindre le malheur, qu'avez-vous dit quand vous avez appris qu'il s'est donné la mort ?... Mais qui put inspirer à Rousseau un dessein si funeste? C'est, m'a-t-on dit, la certitude d'avoir été trompé par la femme qui seule avait conservé sa confiance, et s'était rendue nécessaire en le détachant de tous ses autres liens... Un

Génevois [1] qui a vécu avec lui dans l'intimité pendant les dernières années de sa vie, m'a montré une lettre que J. J. Rousseau lui écrivait quelque temps avant sa mort, et dans laquelle il semblait lui annoncer son dessein. Depuis, s'étant informé avec un soin extrême de ses derniers moments, il a su que le matin du jour où Rousseau mourut, il se leva en parfaite santé, mais que cependant il dit qu'il allait voir le soleil pour la dernière fois, et prit avant de sortir du café qu'il avait fait lui-même. Il rentra quelques heures après, et commença alors à souffrir horriblement ; il défendit constamment qu'on appelât du secours et qu'on avertît personne. Peu avant ce triste jour, il s'était aperçu des viles inclinations de sa femme pour un homme de l'état le plus bas, et resta huit heures de suite sur le bord de l'eau dans une méditation profonde. Il me semble que si l'on réunit ces détails à sa tristesse habituelle, à l'accroissement extraordinaire de ses terreurs et de ses méfiances, il n'est plus possible de douter que ce grand et malheureux homme n'ait terminé volontairement sa vie. »

[1] Il s'agit de Moultou, l'ami, le correspondant assidu de Jean-Jacques. Coindet, qui était employé à la maison de banque Thélusson et Necker, a pu aussi la renseigner ; Rousseau avait employé Coindet aux dessins de son *Héloïse,* et avait fini par le tenir en suspicion comme tant d'autres.

L'opinion de madame de Staël fut combattue par la comtesse de Vassi, fille de M. de Girardin; car dans cette famille on avait à cœur de dissiper l'idée du suicide. Madame de Staël, en lui répondant, soutient sa conviction en ces termes: « Un Génevois (Coindet), secrétaire de mon père, et qui a passé une partie de sa vie avec Rousseau; un autre nommé Moultou, homme de beaucoup d'esprit, et confident de ses dernières pensées, m'ont assuré de ce que j'ai écrit; et des lettres que j'ai vues de lui, peu de temps avant sa mort, annonçaient le dessein de terminer sa vie. »

Le livre de Musset-Pathay, *Histoire de la vie et des ouvrages de J. J. Rousseau,* est moins une œuvre critique qu'une apologie; sa valeur littéraire est médiocre, mais on ne peut lui refuser le mérite de la sincérité ; c'est ce qui donne du poids à son témoignage quand il conclut, avec M. Corancez et madame de Staël, au suicide de Rousseau : « Nous croyons que, pour accélérer le moment fatal, J. J. Rousseau employa deux moyens, c'est-à-dire qu'il se prépara lui-même et prit le poison, et que pour abréger la lenteur des effets, la durée des souffrances, il les termina par un coup de pistolet... Il s'aperçut de l'intrigue de Thérèse et de son goût pour un valet. Elle s'opposait au projet qu'il avait de quitter Ermenonville; ce fut un trait de lumière qui l'éclaira sur les motifs secrets de la résistance de Thérèse. Dès ce moment, le seul lien qui l'attachait à la vie fut rompu; en proie au plus sombre désespoir, il se délivra du tourment d'exister. Voilà ce que nous croyons, malgré le procès-verbal. »

Lorsque parut, en 1823, l'ouvrage de Musset-Pathay, le comte Stanislas de Girardin protesta à son tour contre l'opinion qu'il avait émise. Il écrivit à l'auteur dans ce sens et provoqua de sa part une *Réponse*[1] encore plus affirmative. « J'ai dû faire, dit-il, de nouvelles recherches : elles ont dissipé tous mes doutes sur un événement dont il est impossible de prouver la certitude. Rousseau se portait bien à dix heures le 3 juillet 1778; à onze heures il n'existait plus. Pendant cette heure, il est resté renfermé avec Thérèse. C'est donc sur le témoignage de Thérèse seule qu'on est forcé de s'appuyer. Or, ce témoignage, invoqué et publié par M. de Girardin, ne s'accorde point avec celui qu'elle fit passer à Corancez[1]... »

Après cette polémique si vive et si prolongée, où l'on avait épuisé de part et d'autre les raisons

[1] *Réponse à la lettre de M. Stanislas de Girardin sur la mort de J. J. Rousseau*. Paris, 1824. In-8°. Le comte de Girardin était fils du marquis de Girardin, qui avait attiré Rousseau à Ermenonville.

et les témoignages, la question pouvait paraître tranchée et l'opinion suffisamment informée; mais un nouveau contradicteur intervint qui reprit la discussion *ab ovo :* ce fut M. Morin, dans son *Essai sur la vie et le caractère de J. J. Rousseau* [1]. Ce n'est pas que cet écrivain apporte dans la question de bien vives lumières; il ne cite aucun fait nouveau, il ne produit aucun témoignage inconnu; il se contente, avec l'idée arrêtée que la mort de Rousseau fut naturelle, de discuter pied à pied tous les rapports précédents, ceux de Corancez, de madame de Staël, de Musset-Pathay; il cherche à détruire leurs preuves pour arriver à une conclusion contraire. « Tout en avançant, dit-il, qu'il est impossible de réfuter complétement l'opinion du suicide, j'espère prouver qu'elle ne repose que sur des assertions gratuites. »

Plus loin, l'auteur ajoute : « Il y a dans les rapports de Thérèse avec M. de Girardin un mystère qu'il est impossible d'éclaircir, et sur lequel repose toute la question. » C'est dire clairement que la question lui paraît insoluble, et qu'on n'en peut sortir que par des présomptions plus ou moins motivées. Or celles sur lesquelles s'appuie M. Morin sont loin d'avoir une valeur décisive; cela nous

[1] Paris, 1851, in-8°.

dispense de reproduire son argumentation, qui est fort longue et détaillée. Il voit en M. Corancez un ennemi masqué de J. J. Rousseau, ce qui nous parait contraire à la vérité, car il n'y a aucun motif pour que cet ami de J. J. Rousseau soit devenu son ennemi après sa mort. Il ne croit pas au récit de Houdon à propos du trou dans le crâne qu'il eut de la peine à combler. Il trouve erronée l'opinion de madame de Staël, basée sur les dires de Coindet et de Moultou. Quel intérêt auraient-ils pu avoir à des assertions mensongères? Enfin, dans son parti pris d'apologiste, M. Morin va jusqu'à justifier Thérèse de sa conduite scandaleuse, ce en quoi il contredit une opinion bien établie au sujet de la veuve de Rousseau. Ainsi, selon lui, Thérèse n'aurait pas eu de rapports avec le valet de M. de Girardin, au moins du vivant de Rousseau, parce que, dit-il, ce fut seulement plusieurs mois après sa mort que M. de Girardin jugea à propos de la renvoyer d'Ermenonville. Mais n'a-t-il pas dit précédemment qu'un mystère plane toujours sur ce qui se passa entre eux?

M. Morin donne comme preuve de l'honnêteté de Thérèse la lettre qu'elle écrivit à Mirabeau, et où elle signe : *Thérèse Levasseur, veuve de J. J. Rousseau.* Cette lettre est datée de Plessis-Belleville, par Dammartin. Elle se plaignait de sa misère et le priait de lui faire obtenir un secours de l'État. Mirabeau lui répondit par une lettre fort polie, en date du 12 mai 1790. « Je vénère trop, dit-il, la mémoire de l'homme dont vous portez le nom pour me charger de l'hommage que vous doit la nation. Veuillez présenter un mémoire à l'Assemblée nationale. Les représentants du peuple français ont seuls le droit de traiter d'une manière convenable la veuve de l'homme immortel qu'ils regrettent sans cesse de ne pas voir parmi eux. » En effet, sur la proposition d'Eymar, l'Assemblée décréta qu'une pension de 1500 livres serait accordée à la veuve de Rousseau, et qu'une statue serait élevée à l'écrivain.

Pour M. Morin, tout cela prouve que Thérèse Levasseur était digne d'estime, qu'elle n'avait pas épousé Nicolas Montretout, ni vécu avec lui en concubinage, comme plusieurs l'ont rapporté. Pour nous, la faveur accordée à Thérèse n'a d'autre motif que l'enthousiasme inspiré par la mémoire du grand écrivain, et non la vertu, plus qu'équivoque, de sa veuve; on n'y regardait pas de si près à cette époque, et l'apologie de cette femme nous semble tout au moins déplacée. M. d'Escherny exagère peut-être quand il dit qu'elle dévora plus de cent mille francs avec son amant. Quelques-uns ont parlé de ses habitudes d'ivrognerie. M. le Bègue de Presles, médecin du château d'Ermenonville, a raconté que, s'étonnant un jour de voir Rousseau descendre lui-même à la cave, celui-ci lui dit : — Que voulez-vous? Quand ma femme y va, elle y reste. — Vrais ou faux, ces récits nous intéressent médiocrement; il y a assez de griefs contre cette malheureuse pour faire regretter que Rousseau n'ait pas su choisir une compagne plus digne de lui.

Nous n'en avons pas fini avec la discussion sur le genre de mort de Rousseau. Il s'agit de l'éclaircir le plus possible pour savoir si elle fut la conséquence et le dernier trait de cette monomanie dont nous avons fourni tant de preuves. Or un dernier champion s'est présenté qui nous a paru intervenir avec une autorité décisive, grâce à sa haute position médicale. Il s'agit du docteur F. Dubois, d'Amiens, secrétaire perpétuel de l'Académie de médecine. Dans la séance du 1er mai 1866, le docteur présenta à cette Académie un travail qui a pour titre : *Recherches sur le genre de mort de J. J. Rousseau*[1]. Cette notice, fort bien écrite et solidement raisonnée, confirme tout ce que nous avons dit sur l'état mental de l'écri-

[1] *Bulletin de l'Académie de médecine*, t. XXXI.

vain, et affirme nettement qu'il s'est donné la mort. « Nous voulons savoir, dit le savant docteur, si en effet Rousseau a été atteint de cet égarement de la raison qui finit presque toujours par le suicide; si les symptômes qu'il a offerts, surtout dans les dernières années de sa vie, n'étaient pas de nature à faire prévoir cette catastrophe. »

L'argumentation de M. Dubois est nette et vive; elle offre un intérêt sérieux; nous croyons devoir en donner une courte analyse, avec citation des points les plus saillants et les plus curieux : cela nous paraît devoir être le complément nécessaire de notre travail.

Pour le docteur, le témoignage de Corancez a une valeur incontestable, à cause de sa longue intimité avec Rousseau, et il signale ce fait, qu'un des proches parents de Jean-Jacques était atteint d'hallucinations, qu'il était, comme lui, défiant, ombrageux. « Tous deux charriaient dans leur sang le principe de cette maladie. L'aliénation, chez Rousseau, ne s'est pas déclarée par une soudaine invasion; elle s'est établie graduellement, tantôt ralentie, tantôt précipitée par les événements de sa vie. »

« Ce qui dominait chez Rousseau, d'après Corancez, c'était une défiance outrée et injuste pour ceux qui lui étaient véritablement attachés, défiance portée pour quelques-uns jusqu'à la haine. Dans les premiers temps, il y avait de longs intervalles lucides; ces égarements de la raison ne revenaient que par accès, comme on l'observe chez beaucoup d'aliénés... Depuis longtemps je m'étais aperçu de changements frappants dans sa physionomie; je le voyais souvent dans un état de convulsion qui rendait son visage méconnaissable, et l'expression de sa figure véritablement effrayante. Dans cet état, ses regards semblaient embrasser la totalité de l'espace et voir tout à la fois; mais dans le fait il ne voyait rien, et dans le même temps l'un de ses bras était agité de mouvements saccadés. Je fis cette remarque plus de quatre ans avant sa mort. Lorsque je le trouvais ainsi à mon arrivée, je m'attendais aux propos les plus extravagants, et jamais je n'ai été trompé dans mon attente. »

Pour M. Dubois, cet état mental provenait d'une lésion du jugement. « De cette lésion du jugement résultaient les raisonnements les plus étranges et les actes les plus extravagants... Il partait toujours d'un principe faux, mais les conséquences qu'il en tirait étaient toutes dans les règles de la plus saine logique, de sorte qu'on était tout étonné de le trouver sur le même fait si sage ensemble et si fou. » Nous avons déjà fait plus haut cette même observation.

« Vers 1772, sa mélancolie avait déjà augmenté, ses accès devenaient plus fréquents, son humeur plus sombre. Il écrivait à M. d'Ivernois : — Je commence à craindre, après tant de malheurs réels, d'en avoir quelquefois d'imaginaires qui peuvent agir sur mon cerveau. Ce que je sais bien cependant, c'est que, quelque altération qui survienne à ma tête, mon cœur restera toujours le même. »

« En 1774, ajoute M. Dubois, la maladie de Rousseau s'était aggravée : cette persuasion qu'il était l'objet de la haine publique en était le caractère principal... De 1774 à 1778, les paroxysmes devinrent plus fréquents. »

Après avoir ainsi constaté la perturbation mentale de J. J. Rousseau, le docteur Dubois arrive aux circonstances de sa mort. Ce fut le docteur Le Bègue de Presles qui introduisit M. de Girardin auprès de lui. « Le marquis de Girardin, vicomte d'Ermenonville, mestre de camp de dragons, ch - valier de Saint-Louis, vint offrir à Rousseau une habitation agreste, qui serait tout à fait de son goût, dans sa propriété d'Ermenonville. Cette proposition sourit bien plus à Thérèse que le logement de Sceaux. Rousseau, tout en hésitant, consentit à faire le voyage, mais uniquement pour voir les lieux; on peut dire qu'il fut littéralement enlevé. Ce n'était pas sans regret qu'il quittait Paris, lui qui était toujours saisi d'une crainte mortelle, celle qu'on ne voulût s'emparer de sa personne. Thérèse avait caché le voyage de Rousseau à tous ses amis; les meubles furent en partie vendus, et le reste transporté par elle quelques jours après. On s'était tellement hâté, que l'habitation dite agreste n'était même pas préparée, et qu'on dut loger Rousseau au deuxième étage d'un pavillon attenant au château, et c'est là qu'il mourut six semaines après. Thérèse est au comble de ses vœux; Le Bègue de Presles est tout fier d'avoir réussi; le marquis est tout glorieux de l'avoir emporté sur tant d'autres. »

En effet, c'est une conquête, un triomphe pour le marquis. On le voit à la manière dont il raconte l'arrivée de Jean-Jacques; les souvenirs de l'*Héloïse* et de l'*Émile* remplissent sa tête; il ne résiste pas au plaisir de dépeindre une scène touchante sur un ton idyllique. « Sitôt que je le vis arriver, je courus à lui. — Oh! monsieur, s'écria-t-il en se jetant à mon col, il y a longtemps que mon cœur me faisait désirer de venir ici; mes yeux me font désirer actuellement d'y rester toute ma vie. — La marquise arrive. — Ah! madame, s'écrie Rousseau, que pourrais-je vous dire? Vous voyez mes larmes. » Ensuite le marquis nous montre Rousseau errant en ces beaux lieux, « tantôt au gré de la nature, tantôt au gré de sa fantaisie et quelquefois au gré du hasard. Les rochers, les sapins, les genévriers lui remettaient en mémoire les heureux rivages de Vevey et les *rochers amoureux* de Meillerie. » C'est du pathos littéraire et sentimental, un décalque du style de Rousseau; ce qui suit est plus joli encore: « Il ne mesurait le temps que par la succession d'heures heureuses et non diversifiées; il n'avait que des amusements doux, et son unique exercice était de ramasser des fleurs, de rêver dans les bocages... Il savourait sa chère nature qu'il adorait!... »

M. Dubois gourmande assez vertement le marquis de Girardin au sujet de cet enthousiasme champêtre qui touche de si près à une catastrophe: « Prenez garde; cet homme que vous croyez ainsi combler de bienfaits, dont vous croyez faire le bonheur, est un esprit fier, soupçonneux, défiant, ombrageux, malade enfin. En vous emparant ainsi de sa personne, vous l'obsédez, vous l'accablez; vous êtes heureux de le posséder, et il est malheureux d'être possédé; vous êtes fier de l'avoir à votre table, il est humilié de s'y trouver;

vous lui envoyez des provisions, vous lui faites des cadeaux, il en est profondément blessé. Vous croyez qu'en s'enfermant dans la solitude, il savoure la nature ; il fuit les hommes, il vous fuit vous-même. »

La preuve que tels étaient bien les sentiments de Rousseau, nous la trouvons dans cet écrit qu'il remit au chevalier de Flamanville ; en voici la teneur : « Il ne nous reste, dans les infirmités et l'abandon, qu'un seul moyen de soutenir nos vieux jours, c'est de trouver quelque asile où nous puissions subsister à nos frais. Du reste, de quelque façon qu'on me traite, qu'on me tienne en clôture formelle ou en apparente liberté, dans un hôpital ou dans un désert, avec des gens doux ou durs, faux ou francs, si de ceux-là il en est encore, je consens à tout..... »

Il est donc bien certain que Rousseau se trouvait malheureux à Ermenonville, malgré les soins, les empressements de la famille de Girardin. Il voulait en sortir, rentrer à Paris : Thérèse l'a avoué dans sa lettre à Corancez. Elle résista à ses instances ; pourquoi? Avait-elle déjà jeté son dévolu sur le valet d'écurie du marquis? La rumeur publique l'en a accusée, et M. Dubois croit que là est la vérité ; il constate, par le récit même du marquis, que Rousseau était fort attaché à cette femme, et que, par habitude, il ne pouvait se passer d'elle. « Si vous eussiez vu la joie de cet homme quand il l'entendit arriver... Il courut au-devant d'elle, l'embrassa avec la plus grande effusion de tendresse et de larmes... Les sentiments de cet homme extraordinaire étaient exaltés en tous points au delà de ceux des hommes ordinaires. Il aimait le genre humain comme ses amis, ses amis comme sa femme, sa femme comme sa maîtresse ; de sorte que si le moindre sentiment chez lui était un amour, il n'est pas étonnant que le moindre soupçon de haine ou de trahison fût pour lui le même supplice que la jalousie d'un amant. »

Ces paroles sont assez significatives et portent plus loin que M. de Girardin ne l'eût voulu, en donnant un motif tout naturel au suicide. Rousseau ne pouvait se passer de Thérèse, et s'il l'a reconnue infidèle, comme l'affirment tant de témoignages contemporains, sa raison affaiblie n'a pu supporter cette secousse : une mort violente en a été la conséquence.

Le mercredi 3 juillet, Rousseau se leva comme à son ordinaire, alla se promener au soleil levant, et revint prendre son café à la maison. Thérèse a bien soutenu qu'il ne prit rien ce matin-là ; mais le contraire est prouvé par l'autopsie. Les gens du château racontèrent au beau-père de Corancez qu'il avait rapporté de sa course matinale des plantes qu'il infusa dans sa tasse de café. La crise commença bientôt après. Madame de Girardin raconta à Corancez qu'ayant appris ses souffrances, elle se présenta chez lui. — Que venez-vous faire? lui dit Rousseau. Votre sensibilité doit-elle être à l'épreuve d'une scène pareille et de la catastrophe qui doit la terminer? — Il la conjura de le laisser seul et de se retirer. Elle sortit et entendit aussitôt fermer les verrous, ce qui l'empêcha de s'y représenter.

« Il est évident, dit M. Dubois, que tout le suicide est là. Rousseau va mettre fin à ses jours et ne veut pas être troublé. Qu'on me cite, à moi médecin, une maladie qui débute par de semblables symptômes; une maladie telle, que le patient sait qu'il va mourir, qui ne réclame aucun secours, et qui ne veut d'autre témoin que sa ménagère, parce qu'il ne peut s'en débarrasser. »

Thérèse resta donc seule avec Rousseau pendant cette dernière heure. D'après la lettre du marquis, Rousseau, assis sur une chaise de paille et le coude appuyé sur une commode, se plaignait d'une grande anxiété et de douleurs de coliques. Seule sa femme a pu raconter ce qui s'était passé;

or elle a donné deux versions qui se contredisent en plusieurs points, et l'on est en droit de suspecter ses récits. Dans le premier, rapporté par M. de Girardin, et sans doute arrangé par lui sous une forme romanesque, Rousseau aurait dit : « Ma chère amie, je vous prie d'ouvrir les fenêtres, que je voie encore une fois la verdure ; comme elle est belle !... J'ai toujours demandé à Dieu de mourir sans maladie et sans médecin, et que vous puissiez me fermer les yeux : mes vœux sont exaucés... Vous remercierez bien M. et madame de Girardin de ma part. Je vous laisse entre leurs mains, et je compte assez sur leur amitié pour emporter avec moi la douce certitude qu'ils voudront bien vous servir de père et de mère... » Dans ce même récit, il est dit que les douleurs de Rousseau augmentaient, qu'il se plaignait de picotements aigus dans la poitrine et de violentes douleurs dans la tête. Enfin le marquis rapporte ces belles paroles qu'il a fait graver pour les léguer à la postérité : « Voyez comme le ciel est pur, etc. » Et puis, juste au moment où le moribond voyait la porte du ciel ouverte, il tombe sur la terre sans mouvement : il était mort !

« Mais, dit M. Dubois, cette Thérèse qui voulait se faire adopter par M. et madame de Girardin, cette amante du cocher Montretout, qui finit peu de mois après par se faire chasser, cette Thérèse va nous donner une tout autre version dans sa lettre à Corancez... Cette fois, elle n'aura plus de beaux discours à rapporter ; il n'y a plus d'attendrissement de part et d'autre, plus de recommandations pour M. de Girardin, plus même d'admiration pour la verdure, pour le ciel bleu. Il y a un récit bref, simple, allant droit au but et ne visant pas à produire de l'effet. »

Après avoir fait ressortir la contradiction qui existe entre les deux versions, et notamment ce fait que Rousseau serait tombé mort *sans prononcer une parole,* M. Dubois arrive à discuter la valeur du double procès-verbal dressé après sa mort. Il le fait en homme de science, en médecin légiste, et réfute ces pièces au point de les réduire à néant. C'est pourtant sur ces deux actes, toujours donnés comme *officiels,* que se sont appuyés tous ceux qui ont prétendu soutenir la mort naturelle de l'écrivain. « On a peu de détails, dit-il, sur les symptômes, sur les souffrances accusées par J. J. Rousseau. Serons-nous mieux renseignés sur les lésions organiques observées après sa mort? Le premier procès-verbal nous apprend peu de chose sur ce sujet. »

En effet, ce procès-verbal fut fait le lendemain de la mort; il y est dit que cette mort est *surpre-*

nante. Les experts déclarent avoir fait la visite du corps, et après l'avoir vu et examiné dans toutes ses parties, ils croient, d'une commune voix, que Rousseau est mort d'une *apoplexie séreuse ;* ce qu'ils ont affirmé véritable et déclaré en leur âme et conscience.

« Ce premier acte, dit M. Dubois, est réellement légal et régulier dans les formes : c'est le procureur fiscal du bailliage, vicomte d'Ermenonville, qui a requis le lieutenant dudit bailliage, lequel, de son office, a nommé experts deux chirurgiens de la localité : voilà pour la forme. Mais pour le fonds, c'est autre chose; le rapport n'a aucune valeur scientifique, et de nos jours il serait considéré comme nul et non avenu. » L'affirmation d'apoplexie séreuse a été faite de confiance, sur le dire du procureur fiscal, et les deux chirurgiens répètent le fait, l'affirment, sans avoir ouvert le corps; ils ne font même pas mention de la blessure à la tête.

« Cette pièce, ajoute M. Dubois, est un monument d'ignorance ou de complaisance. » M. de Girardin en a si bien compris le peu de valeur, que le même jour, à six heures du soir, il a, de son autorité privée, convoqué une nouvelle réunion de cinq médecins et chirurgiens, pour faire procéder à l'autopsie du corps.

Ces cinq personnages font donc un second rapport, où il est dit en substance que M. Rousseau est décédé la veille vers onze heures du matin, après environ une heure de douleurs *de dos, de poitrine et de tête ;* qu'il avait recommandé avant de mourir qu'on ouvrît son corps pour découvrir la cause de ses maux et incommodités. Après de longs détails sur l'examen des différentes parties du corps, où l'on constate une double hernie inguinale, une légère déchirure au front et le café dans l'estomac, le rapport explique brièvement l'ouverture de la tête, « qui a fait voir une quantité très-considérable (plus de huit pouces) de sérosité épanchée entre la substance du cerveau et les membranes qui la recouvrent. Ne peut-on pas, avec beaucoup de vraisemblance, attribuer la mort de M. Rousseau à la *pression* de cette sérosité, à son infiltration dans les enveloppes, ou à la substance de tout le système nerveux ?... M. Rousseau s'est plaint, durant la dernière heure de sa vie, d'un *fourmillement* et *picotement* très-incommode à la plante des pieds, ensuite d'une sensation de froid et d'écoulement de liqueur froide le long de l'épine du dos, puis de douleurs vives à la poitrine, enfin de douleurs lancinantes et déchirantes dans l'intérieur de la tête. »

M. Dubois fait remarquer que ce document n'a aucun caractère officiel ni légal, car c'est simplement à la demande du marquis de Girardin que les médecins se sont réunis pour faire l'autopsie du corps : c'est donc un acte privé, rien de plus. M. de Girardin voulait donner le change à l'opinion et faire tomber les bruits de suicide qui s'étaient répandus. Sur les trois pages du rapport, il n'y a que quatre lignes relatives à l'état du crâne ; c'était pourtant le point capital à examiner, à analyser en détail. Donc, au point de vue médical, ce rapport n'a aucune valeur. « Comme science, c'est au-dessous de tout. » Il y a là des énormités; les médecins étaient des ignorants ou des complaisants. La science dit que quand l'apoplexie séreuse débute brusquement, le malade perd tout à coup connaissance, la sensibilité est complétement abolie ; pourtant la vie peut persister plusieurs heures; il n'y a point de douleur de tête lancinante, mais une céphalalgie gravative, avec somnolence; les facultés intellectuelles sont obtuses ou éteintes. Le discours de Rousseau sur la nature serait donc de pure invention ; M. de Girardin n'a-t-il pu prêter à Rousseau ses propres sentiments ? « Donc les symptômes relatés dans le rapport n'ont aucune valeur ; ils sont même ridicules. »

Rousseau, ajoute M. Dubois, était expert en botanique : les plantes vénéneuses lui étaient bien connues. La grande ciguë, qui abonde partout, et qui est un poison actif, a pu lui servir comme moyen d'en finir avec la vie. Elle donne des coliques violentes, et Thérèse a raconté que Rousseau avait des envies de vomir; elle donne aussi des sensations de froid aux extrémités, ce qui a été constaté au procès-verbal; enfin ce poison laisse peu de traces dans l'organisme.

M. Dubois résume et conclut ainsi sa discussion :

« 1° Les symptômes et les lésions constatées sur le cadavre ne sauraient se concilier avec l'hypothèse d'une apoplexie séreuse, comme ayant déterminé la mort de Rousseau.

« 2° Les symptômes et les lésions n'excluent pas la supposition d'un empoisonnement par une substance végétale, et spécialement par la ciguë. »

Le comte Stanislas de Girardin, dans sa lettre à Musset-Pathay, considère comme impossible la mort de Rousseau par un coup de pistolet; il en donne pour raison qu'un coup d'arme à feu, lâché à bout portant, aurait fait sauter le crâne. M. Dubois lui répond qu'il n'y connaît rien, et qu'un coup de pistolet, même à bout portant, peut produire des effets très-variés; tantôt la balle fracasse le crâne, tantôt elle ne fait qu'un trou rond à peine visible. Quant à la dénégation de Thérèse à ce sujet, il n'en tient aucun compte, quoique M. de Girardin prétende que cette lettre a du poids. Il lui objecte que, dans cette même lettre, Thérèse calomnie indignement le marquis, en l'accusant d'avoir disposé à sa guise de la succession de Rousseau, après qu'il se fut *prosterné* à ses pieds. Si elle a menti sur ce point, elle a pu aussi bien mentir sur le reste.

Tels sont les arguments sur lesquels le docteur Dubois appuie son opinion au sujet du genre de mort de Rousseau, et sa conclusion est aussi nette que formelle. « Il n'y a plus à en douter, Rousseau s'est volontairement donné la mort, et c'est un résultat de son aliénation mentale. » Cette opinion, nous l'avons vu, fut à l'origine celle du public ; elle fut soutenue par Corancez, d'après ses informations directes ; elle fut accueillie par madame de Staël, qui avait été aux sources, et plus tard par Musset-Pathay, historien très-sympathique à Rousseau. Ce ne sont donc pas, comme on l'a souvent répété, les ennemis de Rousseau qui ont répandu et affirmé cette opinion ; beaucoup de ses amis et admirateurs se sont rangés à cet avis, entraînés par une conviction sincère. Il en est d'autres qui ont soutenu le contraire dans l'intérêt de la mémoire de l'écrivain. Il faut ranger parmi eux tous les membres de la famille de Girardin, et Corancez dit « qu'il était pardonnable de chercher à couvrir cette vérité et de l'envelopper de voiles ». Mais il faut dire aussi que la famille de Girardin, en soutenant la mort naturelle, avait un intérêt tout personnel, intérêt de convenance et de sentiment, si l'on veut, celui d'écarter le souvenir d'une catastrophe déplorable qui devait s'attacher au château d'Ermenonville. Mais en somme, comme le dit très-bien M. Dubois, l'opinion contre le suicide est l'opinion d'une famille contre l'opinion générale.

Une dernière objection toute morale qu'il faut aussi mentionner, c'est celle qui consiste à dire que Rousseau n'a pu se donner la mort, lui qui a écrit dans l'*Héloïse* la belle lettre de milord Édouard à Saint-Preux contre le suicide. Mais on répond que cette lettre est simplement un plaidoyer éloquent, qui a pour contre-partie la lettre non moins belle de Saint-Preux à milord Édouard pour justifier le suicide; et parmi les motifs que l'écrivain met en avant pour cette justification, il a oublié, dit M. Dubois, « le suicide par égarement de la raison », ce qui est son cas particulier. Rousseau a pu se rappeler ses propres paroles que voici : « Chercher son bien et fuir le mal en tout ce qui n'offense pas autrui, c'est le droit de nature; or quand notre vie est un mal pour nous et n'est un bien pour personne, il est permis de nous en délivrer. »

« Mais, dit le comte Stanislas de Girardin, Rousseau ne pouvait-il pas se dire ces propres paroles de la lettre de milord Édouard : — Que je fasse encore une bonne action avant de mourir... — Le comte oublie, répond M. Dubois, que Rousseau était un aliéné; qu'il en était venu à se croire un objet d'horreur pour tous les hommes, qu'il avait rompu avec le genre humain. Comment aurait-il pu croire possible pour lui de faire encore une bonne action? »

On doit aux morts la vérité : tel a été notre but dans ces recherches où nous avons résumé l'existence agitée, la perturbation mentale et la mort malheureuse du célèbre écrivain. Rousseau a-t-il donné en mainte occasion et pendant de longues années des signes de démence? Nous croyons le fait appuyé sur des preuves surabondantes. Sa mort volontaire nous paraît avoir été le dernier de ses actes où sa raison ébranlée a fini par défaillir. Nous n'avons pas voulu prouver autre chose. Nous n'avons parlé qu'en passant de ses ouvrages, en tant qu'ils pouvaient servir à éclaircir notre thèse. Les citations nombreuses que nous en avons faites ont toutes pour but de montrer ce qu'il y a eu d'étrange, de bizarre, de mal pondéré dans l'esprit et le caractère de l'homme. Il avait la prétention de ne ressembler à personne. « Je ne suis fait comme aucun de ceux que j'ai vus, dit-il au début de ses *Confessions;* j'ose croire n'être fait comme aucun de ceux qui existent. »

Une telle prétention peut paraître à bon droit étrange. La nature n'a pas sans doute façonné les humains dans un moule uniforme; chacun d'eux a un caractère à part, au physique comme au moral, ce qu'on appellerait aujourd'hui l'idiosyncrasie; mais tous se ressemblent ou se rapprochent par des traits généraux qui distinguent l'espèce. Rousseau se met à part, et semble s'enorgueillir de cette originalité exclusive. Pour nous, qui l'avons suivi de près dans l'évolution de cette personnalité par trop excentrique, nous sommes persuadé qu'elle a fait son malheur, car vivre au milieu des hommes et ne leur ressembler en rien, c'était se condamner à n'être jamais d'accord avec eux, c'était engager une lutte inégale, et par là même s'attirer à chaque instant des meurtrissures.

Rousseau attribue ses malheurs à la fatalité qui lui mit la plume à la main, et, d'un coup, le fit sortir de l'ombre pour le lancer dans la célébrité littéraire. Cela est vrai; son succès éclatant lui attira des ennemis, des envieux; il les brava en se repliant sur lui-même et en visant à la singularité. Là commence pour lui cette déviation mentale dont nous avons suivi les phases diverses, les progrès, les péripéties, jusqu'à la catastrophe finale. Le complot qui le poursuit dans toutes les étapes de sa vie errante, n'existe que dans sa tête, mais n'en a pas moins pour lui de réalité. Son plus persévérant ennemi, c'est lui-même. Son humeur s'assombrit; il se consume dans une lutte interne qui lui ronge le cœur; il cherche sans cesse à démêler la trame d'une intrigue imaginaire. Ne pouvant y parvenir, il devient morose, parfois inabordable. Il décourage, congédie la plupart de ses amis, les croyant complices de la persécution qu'il rêve. Aucun d'eux n'a été à l'abri de ce soupçon, et les derniers qui persistent à lui rester fidèles sont réduits à prendre des précautions infinies pour n'être pas évincés. Nous le répétons, et c'est notre conclusion finale : La tête de Rousseau a été dérangée; toute sa conduite le prouve, et ses propres écrits nous en ont offert de nombreux témoignages. Il avait eu plusieurs fois, nous l'avons vu, des idées de suicide, et il n'est pas étonnant que dans le paroxysme d'une exaltation cérébrale, il ait fini par ce dernier acte de folie, celui d'une mort volontaire, à un moment où la douleur dominait en lui la volonté et le sens normal de la conservation.

L'état psychologique de Jean-Jacques peut à lui seul expliquer sa fin funeste. Une imagination ardente, romanesque, excitée dès l'enfance; des passions vives, une vie agitée, presque toujours instable; une position irrégulière et fausse dans la société; des succès inopinés, éclatants, dans le monde littéraire; la lutte, les contradictions; des ennemis réels et de fantastiques; la gloire côtoyée par la misère; une maladie interne dont il souffrait toujours sans pouvoir en guérir : voilà certes plus de causes qu'il n'en faut pour troubler une intelligence, si haute qu'elle soit, et par sa hauteur même exposée au vertige. Plaignons son infortune et ses erreurs, car si le génie dévore l'enveloppe terrestre, si presque toujours il expie sa gloire par la souffrance, nul plus que Rousseau n'a subi aussi tristement cette loi fatale.

A titre de curiosité littéraire, nous insérons ici une romance inédite composée par J. J. Rousseau, et dont le manuscrit est tombé entre nos mains pendant notre séjour aux bords de la Néva. Il avait été donné à la femme d'un célèbre financier russe par le comte Numance de Girardin, petit-fils du marquis de Girardin qui avait reçu Rousseau à Ermenonville. La donation est attestée par quelques mots du comte et porte sa signature. Il y est dit que ces vers proviennent des papiers laissés à la succession de J. J. Rousseau.

ROMANCE

Contre un engagement
Je me crus affermie,
Mais Daphnis est charmant,
Et j'en fis la folie.
Dès qu'il m'eut attendrie,
L'ingrat fut inconstant;
Le bonheur de ma vie
N'a duré qu'un instant.

Plaire et sentir l'ardeur
D'un amour véritable,
A tout autre bonheur
Me semble préférable.

Raison peu secourable,
Eh quoy! peux-tu souffrir
Qu'un bien si peu durable
Fasse tant de plaisir?

Amants, votre bonheur
N'est enfin que mensonge ;
Mais quelle aimable erreur,
Lorsqu'elle se prolonge !
Ah! si je me replonge,
Amour, dans ce sommeil,
Si je fais un beau songe,
Sauve-moy du réveil.

Ces vers n'ont qu'une médiocre valeur et n'ajouteront rien à la gloire de Rousseau. Il n'attachait pas d'importance à ceux qu'il a composés : c'est dans la prose que se révèle son véritable génie.

FIN.

PARIS. TYPOGRAPHIE DE E. PLON ET Cie, RUE GARANCIÈRE, 8.

www.ingramcontent.com/pod-product-compliance
Ingram Content Group UK Ltd.
Pitfield, Milton Keynes, MK11 3LW, UK
UKHW020955230726
13923UKWH00007B/406